Introducción. En favor de la teoría

¿Por qué estudiamos el diseño como un fenómeno de las sociedades actuales? ¿Para qué sirven estos estudios? La primera respuesta que viene a la mente sería la tradicional del punto de vista humanista que diría que al tratar de entender el vasto mundo de los objetos y entornos[1] estamos realmente entendiendo y tratando de interpretar nuestro mundo. Esta respuesta, si bien válida y justa, muchas veces no basta como justificación de una actividad a los ojos de los profesionales de las disciplinas del diseño, para quienes lo que importa son los procesos de concepción y producción de los objetos los cuales —dicen— son imposibles de explicar racionalmente.

A pesar de que son muchos los profesionales del diseño cuya labor es crear objetos, imágenes o entornos, el número de ellos que se ocupa de estudiar y analizar esos productos es muy reducido. No es aquí el lugar para explorar las posibles causas de este fenómeno, que de algún modo se conectan con la idea del diseñador cercano al artista y con la improbable noción de creatividad a la cual todos acuden, que se entiende como la antítesis de todo acercamiento teórico. Para continuar

---

[1]Dentro de los estudios de diseño, Margolin llama "product milieu", al "medio dentro del cual se mueven las personas y al cual activan a medida que encuentran productos específicos para satisfacer sus necesidades" ("The designer as producer"); en otro lugar, dice que es el "agregado de objetos, actividades, servicios y entornos que llenan el mundo de la vida". ("The product milieu and social action", p. 122); es decir, es el ambiente diseñado. La noción de mundo de la vida que aparece al final de la cita será tratada en varios momentos en los capítulos finales de este trabajo.

con las preguntas iniciales, cabe presentar otras: ¿Es posible o necesaria una teoría del diseño? ¿Para qué serviría una teoría del diseño? De manera más general, ¿para qué son las teorías? ¿Qué es una teoría? Creo que antes de plantearnos el estudio de una teoría en este campo particular de actividad, sería importante partir de la pregunta de qué es hacer teoría.

Vamos a comenzar con lo que entendemos como la actividad teórica.[2] En nuestro comportamiento cotidiano, sea cual sea la forma de actividad, nuestro encuentro con las cosas del mundo no es en cada ocasión como si fuera la primera que nos enfrentamos a ellas sino a través de la experiencia acumulada de encuentros anteriores; esa experiencia nos lleva a hacer generalizaciones, que muchas veces condensamos en enunciados. De allí que exista una variedad de expresiones que buscan una cierta generalidad en las cosas; ejemplos de ello son las sentencias, las máximas, los dichos, que son condensados de sabiduría, frases que resultan de un cierto intento de categorizar. Por su intención, esas frases pueden considerarse como enunciados preteóricos, como anunciadores de la ciencia, y se caracterizan por no ser resultado de la observación singular sino porque intentan establecer causas generales o leyes. Esos enunciados que buscan lo general, lo que tienen en común los fenómenos cotidianos, preparan la reflexión teórica y la distinguen del mero sentido común.

Parecería, sin embargo, que entre esa primera generalización del sentido común y la teoría hay una simple diferencia de grado, y que se llega a la teoría por mera acumulación de observaciones y generalizaciones, como si los dos hubiera continuidad. Un breve examen de la historia de la formación de

---

[2]En estas páginas iniciales hemos utilizado extensamente el trabajo de Xavier Rubert de Ventós, "Filosofía y yo", en el libro colectivo *Col·legi de filosofía. Maneras de hacer filosofía.* (Para los datos bibliográficos, cfr. Referencias)

conceptos en cualquier área del conocimiento muestra muestra que no es así; que para llegar a la reflexión teórica se requiere establecer una ruptura, y que se empieza a pensar teóricamente cuando se tiene la experiencia de una dificultad. Normalmente las cosas del mundo y los conceptos (es decir, las cosas en la cabeza) se corresponden o se acoplan, y en este caso no se presentan problemas. Pero cuando ocurre un desacoplamiento entre ambos o una falta de correspondencia, cuando no hay sintonía, entonces nos vemos impulsados a la reflexión, a la teoría.

La condición para que emerja la teoría es la adquisición de una actitud teórica. Esta actitud que posibilita el cambio requiere a su vez ciertas condiciones; por ejemplo, que haya un acuerdo en que la realidad es explicable a partir de ella misma y no ya con referencia a fuerzas ajenas, sean mágicas o divinas. Tengo la convicción de que una de las grandes dificultades de hacer teoría en el campo de lo proyectual tiene que ver con la manera como se definen muchos de los practicantes de este oficio: "nosotros, los creativos"; con esa visión, la actividad proyectual se asimila a esa noción vaga y misteriosa, a esa fuerza oculta que está detrás de toda concepción de la "creatividad". Otra condición es que exista un acuerdo sobre la posibilidad de decir cosas acerca del mundo, de la naturaleza y de la sociedad. En términos amplios, las condiciones para la actitud teórica pueden caracterizarse desde tres distintos puntos de vista:

La primera es la actitud de búsqueda, que consiste en que el simple qué de una cosa no nos satisface sino que se busca el por qué; la actitud de búsqueda es más radical cuando se hace evidente que este por qué es histórico, que lo que hoy es sentido común ayer apenas era un reto para el conocimiento, que lo que hace poco tiempo era un atrevimiento teórico ahora es sólo lo sensato. Por tanto, en el límite, ya no satisface

3

ni la evidencia ni la verificación. Con ello, se tiende a descalificar a la intuición como criterio de validez y a plantear que no hay respuestas satisfactorias válidas para siempre. El segundo punto de vista de la actitud teórica puede llamarse idealización: la mirada reflexiva idealiza las cosas; lo que normalmente se hace con ellas es usarlas, pero sólo por medio de la observación se convierten en objetos de pensamiento. Esto es claro especialmente en el campo de lo proyectual, pues para el diseñador y para los usuarios, los objetos están allí para ser usados y lo único que importa de ellos es su utilidad. Esta consideración de los objetos del mundo como objetos de pensamiento no constituye una actitud natural sino que ejerce una cierta violencia puesto que lo que hace es sacarlos de su vida cotidiana y llevarlos a otro plano.

Otro rasgo que se manifiesta en la actitud teórica, en la reflexión en general, se relaciona con la sistematización. Los discursos científicos no están constituidos de palabras normales del lenguaje verbal sino con conceptos, y estos conceptos no funcionan aisladamente puesto que están agrupados en sistemas, que son las teorías; de manera similar, en la reflexión filosófica, en su discurso, las unidades son las categorías, que tampoco están aisladas sino que siempre forman parte de conjuntos o de sistemas filosóficos. Para definir un sistema teórico puede tomarse en consideración su contenido, el cual se caracteriza por el hecho de que sus proposiciones se relacionan entre sí de una determinada manera, es decir, son coherentes. También puede caracterizarse por su función: la función de un sistema es demarcar los saberes legítimos de los ilegítimos; cada sistema establece una delimitación entre lo que es válido y lo que no lo es, entre lo que puede decirse y lo que no. La tarea de un sistema, sea teórico o filosófico, es definir qué extrapolaciones son válidas y cuáles no, y esta tarea es estructural, es decir, es interna al propio sistema.

Existen múltiples sistemas teóricos, así como una pluralidad de sistemas filosóficos; sin embargo, sea cual sea el sistema, siempre hay un punto de partida: se reflexiona a partir de los hechos, aunque entendiendo que tales hechos están siempre mediados por sistemas simbólicos. Como dice Cassirer (Cfr. *Antropología filosófica: Introducción a una filosofía de la cultura*, y *La filosofía de las formas simbólicas*), los sistemas simbólicos son los últimos datos de que dispone nuestra experiencia y no podemos sobrepasarlos: llegamos a los hechos, pero no en estado bruto sino conformados por los sistemas simbólicos, que son los mecanismos con los cuales recortamos y estructuramos la realidad. Si en ocasiones nos parece que estamos directamente ante los hechos es porque los sistemas simbólicos suelen aparecer a las personas de su época como neutros o como una representación exacta de la realidad. El hecho es que sólo vemos nuestros sistemas, nuestros propios sistemas simbólicos, a los cuales estamos sujetos; éstos forman parte de nuestra manera de aprehender y de interpretar; son nuestra manera de hacerlo.

El problema que persiste es cómo conocer los hechos si sólo tenemos acceso a ellos a través de los sistemas simbólicos. Entre tales sistemas simbólicos está en primer lugar el de la lengua. No existe ningún instrumento cultural que permita aprehender directamente el mundo, aunque hay corrientes filosóficas, como la analítica, que piensan que la lengua puede ser este instrumento y que para conocer la realidad basta analizar el llamado lenguaje ordinario. Sin embargo, las cuestiones relativas a la lengua no son tan simples como parecen, ya que el uso mismo de una lengua tiende a transformar los acontecimientos o las sensaciones en categorías: al expresar por medio de palabras los acontecimientos del mundo, que son únicos, o las sensaciones, que son propias e individuales, se ven sometidos a una pérdida de individualidad, se ven normalizadas, ya que las palabras son herramientas que sólo podemos usar pero sobre las cuales no tenemos ningún poder; tienen una lógica y una inercia que escapan a nuestro control. Por ello, al expresar o nombrar acontecimientos, sensaciones y emociones, lo único que hacemos es asignarles un valor o una posición o un valor dentro de un sistema. Sin embargo, las experiencias personales, las sensaciones, las cosas singulares son siempre mucho más ricas que lo que las palabras que las designan dejan ver, pues éstas sólo permiten establecer las formas estadísticamente probables y reprimen las experiencias singulares.

Cuando asumimos nuestro entorno, el mundo de los objetos, como algo que nos plantea problemas; cuando dejamos de las cosas del mundo sólo como cosas que podemos usar, ya estamos en proceso de adquirir una actitud teórica. El siguiente paso es tener la conciencia de que necesitamos disponer de ciertos esquemas de pensamiento para entenderlas; estos esquemas es lo que llamamos teorías, elementos fundamentales de la investigación. La investigación es el proceso de producción de conocimientos; el conocimiento en abstracto, siempre se trata de conocer algo: los hechos, de los objetos, de los acontecimientos del mundo; en una palabra, el conocimiento de lo concreto. En la labor de construcción de conocimientos, en la tarea de investigación nos enfrentamos con el entorno y los objetos y la tarea es entenderlos y explicarlos. Para realizarla, es necesario analiza cómo es nuestro encuentro con ellos y cuáles son las herramientas de que disponemos para hacerlo. Con excepciones, cuando encontramos personas del área del diseño que se hayan planteado tales preguntas, en general piensan que basta usar los instrumentos de la intuición y del sentido común; es más, se llega a creer que son éstos los más poderosos instrumentos de que podemos disponer para enfrentarnos crítica y productivamente a estos aspectos de la realidad. Los ejemplos abundan en el campo de los estudios del diseño en general.

Pero la intuición y el sentido común no bastan; y esto lo sabemos claramente, sobre todo en nuestro tiempo, cuando el conocimiento de la realidad del mundo físico ha puesto en crisis el paradigma intuitivo de la geometría euclidiana o de la física newtoniana después de la teoría de la incertidumbre o de la mecánica cuántica, etc. En las ciencias humanas, cuando el conocimiento del desarrollo histórico ha supuesto un rechazo al relato propio del sentido común donde lo importante son los hechos o las personas aisladas —reyes, caudillos, batallas, etc. Es decir, ahora menos que nunca podemos esperar que las diferentes realidades (social, cultural, etc.) sean transparentes y manejables desde los esquemas del sentido común.

Un ejemplo claro de la discontinuidad entre el sentido común y la teoría es el de la mecánica. Cuando Galileo desarrolla las leyes de esta rama de la física, la mecánica, toma como punto de partida la experiencia común, lo evidente a los sentidos; pero para llegar a establecer una explicación teórica tiene que romper con las apariencias y plantear una abstracción: la geometrización del universo. Dice Koyré que la experiencia, en el sentido de experiencia bruta, no desempeñó ningún papel como no fuera el de obstáculo en el nacimiento de la mecánica (Cfr. Alexandre Koyré, *Estudios de historia del pensamiento científico* y *Del mundo cerrado al universo infinito*). Hasta antes de Galileo el esquema del universo era el aristotélico: un cosmos ordenado donde todo ocupaba el lugar que le correspondía, y que tenía a la tierra como centro. Para pasar a una concepción heliocéntrica fue necesario, primero, destruir ese esquema basado en la pura observación, en la evidencia de los sentidos. Y una primera etapa fue identificar la estructura física de nuestro planeta con la de los cuerpos celestes y dotarlos a todos de un mismo movimiento circular y una

7

misma materia; ésta fue la labor de Copérnico. La siguiente etapa, con Kepler, fue la postulación de la idea de que el universo está regido en todas sus partes por las mismas leyes y que esas leyes son matemáticas. La etapa definitiva fue cuando Galileo identificó el espacio físico con el de la geometría euclidiana; con ello logra formular el concepto de movimiento como un estado estable, igual al de reposo. Él fue el primero en creer que las formas matemáticas se realizan en el mundo, por lo cual todo lo existente está sometida a la forma geométrica y que todos los movimientos obedecen a esas leyes; y no sólo los movimientos y las formas regulares, sino también los irregulares, que sólo son más complejos.

Para entender las realidades que cada vez se captan menos de un modo intuitivo se requiere la razón analítica, pero también de la imaginación. No podemos seguir apegados a la idea de un divorcio entre razón e imaginación, que es, como dice Bronowski (Cfr. *El sentido común de la ciencia*), una de las mayores trabas al conocimiento: "el género humano no se divide en seres que piensan y seres que sienten; de ser así no podría sobrevivir mucho tiempo". Para todos los que estamos empeñados en el estudio de las ciencias humanas no es sorpresa el hecho de que se requiera establecer un corte entre el conocimiento y la intuición pues en estos dominios se sobreponen y se confunden las opiniones del sentido común con los productos de la reflexión teórica, lo que hace difícil separarlos. En las ciencias humanas se impone lo que Bachelard llama vigilancia epistemológica pues en ellas la separación entre ambos se hace difícil de discriminar. En estas disciplinas las opiniones del sentido común tienen una función: según dice Durkheim que el hombre no puede vivir en medio de las cosas sin formular ciertas ideas sobre ellas, a las cuales ajusta su conducta. Estas ideas, producto de la experiencia vulgar, tienen como tarea armonizar nuestras acciones con el mundo que nos rodea (Émile Durkheim, *Las reglas del método socio-lógico*, p. 53). Bachelard, por su parte, insiste en cuando dice que la opinión no piensa sino que traduce necesidades en conocimientos. La opinión designa a los objetos por su utilidad y, con ello, se prohíbe conocerlos. Finalmente dice que las intuiciones son muy útiles pues sirven para ser destruidas (*La formación del espíritu científico, La filosofía del no*).

Los esquemas de investigación que podamos construir siempre buscan lo inmediato de la experiencia y el manejo de las cosas del mundo; pero aun así, ellos mismos no pueden ser espontáneos e inmediatos sino que requieren ser abstractos e imaginativos. Dicho en otros términos, reconocemos que en el proceso de creación, sea en el campo del diseño, sea en el arte o en cualquier otro dominio, están presentes componentes no racionales, emotivos, etc., pero la explicación de ellos, es decir, la mirada del estudioso o del analista, no puede ser sino reflexiva, racional, teórica. Por tanto, la intuición y la experiencia atesorada del sentido común deben dejar de ser mecanismos de comprensión y explicación para considerarse ellos mismos sólo como el punto de partida, el cual requiere ser elaborado a través de un trabajo teórico que consiste, en primer lugar, en un análisis lógico riguroso que haga posible captar el sentido de cada realidad; pero también requiere ir más allá de la lógica y aventurar hipótesis. Es decir, requiere de la imaginación.

Al hablar de esquemas de investigación no puedo dejar de hacer alusión a los métodos, en plural, pues el Método, con mayúscula, no existe. Esto ya lo había reconocido Compte en su *Curso de filosofía positiva*, donde dice que el método no es susceptible de ser estudiado separadamente de la investigación en la que se emplea; si así ocurriera, se trataría de un estudio muerto, incapaz de fecundar el espíritu que a él se consagre. El método o los métodos ha sido una cuestión central en el mundo del diseño y su enseñanza. Hay muchos estudiosos en el área que han dedicado sus esfuerzos a este tema, por ejemplo Christopher Alexander que escribió un libro completo; otros investigadores, desde campos diferentes han escrito textos que han servido en el diseño como base; es el caso de Herbert Simon, (*The sciences of the artificial*) quien elaboró las etapas del proceso de toma de decisiones y que se adaptó al proceso de diseñar. Simon construyó un modelo de tres etapas básicas: la primera, que es donde se identifica el problema y se recopila la información que concierne a ese problema; como la decisión se hace a partir de esa información, esta etapa puede ser muy larga. La segunda etapa desarrolla varias posibles soluciones para el problema, y en la tercera se escoge la solución.

La primera fase, que en algún momento Simon llamó "inteligencia",[3] consiste el localizar, identificar y formular el problema o situación a la que se busca una decisión; es la decisión sobre qué decidir. Su resultado final es un enunciado de decisión. La segunda fase, llamada diseño, es donde se desarrollan alternativas y trata de la búsqueda de opciones disponibles; en ella también se establecen los objetivos de la decisión. En la tercera fase, la de selección, se evalúan las alternativas que se desarrollan en la fase de diseño y se escoge una de ellas. El resultado de esta etapa es una decisión que se puede poner en acción. Estas tres etapas normalmente se completan con otras dos que son la realización, donde la decisión se pone en acción, y la evaluación de la toma de decisión.

La difusión y popularización este proceso se debe, en buena parte, a que la universidad de Stanford lo adoptó, con el nombre de pensamiento de diseño, como método de acción

---

[3]Este término, inteligencia, puede ser confuso pero remite a la toma de decisiones, es lo que se hace una vez que se sabe que se debe tomar una decisión. Simon tomó este término de su significado militar, que involucra la recopilación de información sin necesariamente saber a dónde llevará en términos de la decisión.

creativa y a que poco después se adaptó para propósitos de negocios por el grupo ideo. Aquí se describe como un proceso de cuatro pasos: inspiración, síntesis, ideación y experimentación, y finalmente puesta en práctica, para encontrar un área de convergencia entre factibilidad, conveniencia y viabilidad. Un poco más tarde, en 2005, el Instituto de Diseño Hasso-Plattner de la Universidad de Stanford, más conocido como d.school, comenzó a enseñar esta disciplina a estudiantes de ingeniería. En esta escuela se entienden las distintas etapas del proceso como, primero, la comprensión, en la cual los estudiantes se sumergen en el aprendizaje, hablan con expertos e investigan con el objetivo de desarrollar un conocimiento de fondo por medio de esas experiencias; a partir de él se dirigen a sus retos de diseño. La segunda es la observación: se observan los comportamientos y la interacción de las personas, así como sus espacios y lugares; hablan con ellas acerca de lo que hacen y reflexionan sobre lo que ven. En estas dos etapas se desarrolla la empatía. La tercera es donde consiguen hacer conciencia de las necesidades de las personas y se desarrollan las intuiciones. Aquí se desarrolla el punto de vista que sugiere cómo hacer los cambios que tengan impacto en la experiencia de las personas. La siguiente etapa, la ideación, es crucial en el proceso y que, como indica su nombre, es en donde se generan las ideas. Las dos últimas son la elaboración de prototipos y su prueba, a través de un proceso iterativo que lo modifica y lo vuelve a probar hasta quedar satisfechos.

Los nombres de las etapas y sus definiciones varían, incluso dentro del mismo instituto; por ejemplo: establecer empatía, definir (allí se crea el punto de vista, que es el enunciado del problema que dirigirá el resto del trabajo de diseño), idear, elaborar prototipos y probar. No podemos reproducir todas las maneras como se enuncian los pasos del proceso de diseño en los distintos lugares, pero en todos los casos se considera como un método muy general de diseño, que de hecho se puede aplicar no sólo a los procesos de diseño propiamente dichos, sino a una gran cantidad de tareas de la vida cotidiana. Visto como una manera de pensar, este "pensamiento de diseño" se considera como la habilidad para combinar empatía para el contexto del problema, creatividad en la generación de intuiciones y soluciones, y racionalidad para analizar y adecuar soluciones al contexto. Tanto en las disciplinas del diseño como en la ingeniería y en el mundo de los negocios y la gestión, se usa ampliamente para describir una especie de pensamiento en acción que cada día incrementa su influencia en la educación.[4]

Regreso a la argumentación sobre el método con el ejemplo de la mecánica. Galileo muestra un método donde predomina la razón sobre la simple experiencia, donde aparece el uso de modelos abstractos en una realidad empírica; en una palabra, muestra la primacía de la teoría. Es verdad que la observación es uno de los rasgos de la ciencia y que sin ella ésta no existiría; pero no es único: la ciencia es una interrogación metódica que presupone un vocabulario o una lengua en la cual formular las preguntas y entender las respuestas; para Galileo esa lengua es la geometría. Galileo descubre que el experimento es más que la pura experiencia pues ésta es únicamente observación: aquél se prepara, es una pregunta que se hace a la naturaleza; de allí que no baste con observar lo que se presenta naturalmente sino que se debe saber formular la pregunta y comprender la respuesta. En síntesis, lo que Galileo hizo no fue sólo criticar teorías erróneas para corregirlas o sustituirlas por otras, sino destruir un esquema del mundo y proponer

---

[4]La fuerte preocupación por el método o por los métodos en el campo de lo proyectual ha opacado un hecho fundamental, y que es la necesidad de trabajar más profundamente en el campo de la teoría. Si esta situación no se supera, difícilmente tendremos un cuerpo sólido de conceptos que dé cuenta de esta actividad.

otro, reformar la estructura de nuestra inteligencia, cambiar nuestra manera de conocer, elaborar un nuevo concepto del conocimiento, sustituir el punto de vista del sentido común y de la intuición por el de la teoría.

Si no existe el método, en singular, tenemos que reconocer la existencia de varios métodos. Y si tenemos tener a la disposición varios métodos, es necesario elegir, pero esa elección no puede ser previa al trabajo de investigación: la valoración sólo puede ser relativa a lo que pretende hacer con ese método particular, ya que cada uno responde, antes que nada, a una cierta segmentación, a una manera particular de recortar o reticular la realidad previamente realizado. Lo que distingue un método de otro, por ejemplo, uno global de otro más analítico, es la distinta acotación de la realidad, es decir, el diverso tamaño y naturaleza de los problemas que puede plantear o que considera pertinentes. Un método es una aproximación a la realidad que se analiza y su valor es la ampliación o reducción que puede hacer del campo perceptivo: su ángulo focal, la novedad de lo enfocado, la claridad de la imagen que permite, la cantidad de distorsión que introduce, etc. Un nuevo método es como una nueva lente que puede hacer que se vea como algo separado lo que antes de su uso se percibía como unido, o que permite ver como asociado lo que antes se veía separado. Por ello la única pertinencia de la que es posible hablar respecto de los métodos es la de la adecuación relativa a lo que se busca; por tanto no puede admitirse que se diga que un método es un principio universal e inmutable cuyo solo uso produce conocimientos científicos en cualquier área y nivel de generalidad.

Podemos dar a los datos empíricos un tratamiento teórico cuando dejamos de considerar como conocimiento las nociones obtenidas por generalización y comenzamos a pensarlas como algo que requiere ser explicado; es decir, cuando se con-

13

vierten en objetos de conocimiento. Por ello el problema del método no es anterior al problema del objeto pues aquél sólo puede abordarse cuando está integrado en una estructura teórica. El valor científico a una explicación no está dada por el método sino que es la estructura compleja compuesta de objeto, conceptos teóricos y procedimientos lo que proporciona este valor. Pensar que existe un método científico es considerar que el conocimiento está en los hechos y que, por tanto, basta con observarlos, establecer relaciones entre ellos, medirlos y registrarlos, acumular las observaciones para de allí inferir los conceptos, cuya sola agrupación daría por resultado la teoría, como si del hecho empírico a la teoría hubiera un camino gradual, sin saltos ni obstáculos.

Una de las mayores diferencias entre los métodos es su grado de generalidad o de particularidad. Un método general o global permite pensar desde una sola perspectiva la naturaleza, origen, evolución y conocimiento de una determinada realidad; pero su uso no invalida los recortes más precisos de este continuo que otros métodos más locales puedan realizar. El nivel de generalidad de un método depende ante todo del objeto al cual se aplica y de lo que quiere hacerse con él. Cada método, es decir, cada uno de los recortes de la realidad, hace aparecer ciertos aspectos de ella, pero al mismo tiempo hace que otros aspectos no aparezcan. Por ejemplo, si se concentra en los aspectos sensibles ello a menudo supone una pérdida en la dimensión inteligible, y viceversa. De allí que la única pertinencia de la que es posible hablar es la relativa a la adecuación a los aspectos que se buscan.

Otra diferencia importante entre los métodos es la que se establece entre un enfoque interno al sistema del cual el objeto estudiado es un producto, y un enfoque externo. Para las ciencias humanas ha sido muy importante el enfoque interno, el cual, después de la legada de las corrientes estructuralistas y sistémicas, también se han llamado enfoques estructural o sistémico. Su característica, a grandes rasgos es que sus principios no permiten salir del ámbito de las relaciones dentro del nivel dado, pero dentro de ese nivel posibilitan profundizar en busca de lo que podríamos llamar el sistema del cual estas relaciones son su actualización. El ejemplo más patente es el caso de las actuaciones lingüísticas: lo que el análisis intenta es descubrir precisamente el código de la lengua, el cual es usado sin tener una clara conciencia de él; pero no sólo intenta describir ese principio organizador sino también describir y, en la medida de lo posible, formalizar por medio de la construcción de un modelo. Un rasgo destacado de este enfoque sistémico es ser muy eficaz en los campos donde interviene el concepto de significado, es decir, cuando su campo de aplicación no es el de sistemas de cosas del mundo sino de aquellos que tienen la particularidad de ser sistemas significantes, que es precisamente el caso del diseño.

En la consideración del análisis de este tipo de realidades, lo primero que habría que considerar es que el significado, el papel y la eficacia de un fenómeno social está dado por la posición que éste ocupa en el sistema del cual forma parte. Ante un rito, un poema, un comportamiento, un texto literario, un objeto de diseño, una obra arquitectónica, etc., lo que el investigador hace no es dar como explicación el origen histórico del fenómeno, o una interpretación puramente sociológica o funcional del mismo, sino trazar el cuadro general del sistema dentro del cual ese fenómeno se inserta, y del que es una de sus posibilidades de realización. Es más, no se puede interpretar su función sin antes haber descubierto su posición en el sistema. Una consecuencia de esto es que los elementos del rito o de la obra arquitectónica o literaria no pueden ser interpretados aisladamente, sino que sólo significan en y desde el sistema.

Pero no quisiéramos dejar esta introducción sin antes mencionar una caracterización de la teoría desde una perspectiva más moderna, que puede tener una utilidad en nuestros desarrollos. Muchos profesores de diseño en cualquiera de sus áreas, así como los propios diseñadores manifiestan su sentir con respecto a que el campo de su actividad está cada vez más lleno de teoría, que cada vez hay más libros que dicen ser teóricos, pero esto no significa que cada vez exista más reflexión sobre las cualidades de lo diseñado, sobre los lenguaje del diseño o cosas similares; de lo que se quejan más bien es de la gran cantidad de discusiones sobre cuestiones cuya relación con el diseño no es muy evidente, como puede ser la filosofía, la política, entre otras cosas. Parte del problema está en la amplitud de la noción de teoría que abarca desde conjuntos bien definidos de proposiciones (como en las teorías físicas: la de la relatividad, la física cuántica, etc.), pasando por otros conjuntos de proposiciones menos estrictamente definidos (como la teoría psicoanalítica), hasta llegar a los usos más ordinarios o comunes, al uso del término teoría en las conversaciones cotidianas, como cuando alguien dice "tengo la teoría que x será campeón este año pues tiene un buen equipo". Allí se ve la teoría como una suposición, que sugiere que aunque no sepamos la respuesta, basta con esperar que termine la temporada para llegar a la verdad. Así vista, una teoría es una especulación que quiere dar una explicación que no es obvia. Decir que tiene un buen equipo no requiere discernimiento alguno para concluir de allí que será campeón. Pero para contar como teoría no sólo requiere que la explicación no sea obvia, sino que también debe involucrar una cierta complejidad. Y hay que añadir otro rasgo: además de no ser obvia, de involucrar relaciones complejas entre varios factores, no es fácil confirmarla ni refutarla. Una teoría es más que una hipótesis; el ejercicio del sentido común proporciona algunas pistas para entender esta noción.

Si damos una ojeada en otro campo de estudios, el de los estudios literarios, cuando se habla allí de teoría se hace referencia a un cuerpo de conocimientos que no es fácil precisar. Según Richard Rorty, (*Consequences of pragmatism*, p. 66) en el siglo XIX nace un género de escritura difícil de definir, que no es ni de evaluación de los méritos de las producciones literarias, que no es historia intelectual ni filosofía moral, sino que es todo eso junto; y dice también que el nombre de este género misceláneo es teoría. Con este nombre designa los trabajos que retan el pensamiento y lo reorientan en campos diferentes a los que aparentemente pertenecen. Estas obras, vistas como teoría, tienen efectos más allá de de su campo original. Pero es sobre todo en el último medio siglo (desde los años sesenta hasta ahora) cuando se ha hecho cada vez más notoria la presencia, en el dominio de los estudios literarios, de textos que tienen influencia en la misma producción literaria; por ejemplo, textos sobre el lenguaje verbal, sobre la mente, sobre cuestiones históricas o la cultura en general han ofrecido nuevos puntos de vista acerca de asuntos textuales. De esta manera, cuando se habla en los estudios literarios de la teoría no se refiere con ello a un conjunto de métodos para estudiar la literatura sino a un grupo ilimitado de escritos cuyos temas van desde los problemas más técnicos de la filosofía hasta las maneras como se habla o se piensa acerca del cuerpo. Incluye obras de antropología, historia del arte, del cine, de los estudios de género, lingüística, ciencia, filosofía, teoría política, psicoanálisis, historia social e intelectual, sociología, etc. Cada una de esas obras son parte de un campo específico, pero se convierten en teoría porque sus visiones o argumentos han sido productivos para personas que investigan en campos externos a esas disciplinas.

La teoría, pues, se define por sus efectos prácticos en la medida en que cambia las visiones de las personas, que las hace pensar de otra manera acerca de sus objetos de estudio. El principal efecto de la teoría es su oposición a los puntos de vista del sentido común acerca del significado, de la escritura, de la literatura. Por ejemplo, la teoría cuestiona la idea que el significado de un texto es lo que el escritor tenía en mente, o la idea de que la escritura es una expresión cuya verdad está en una experiencia o un estado de cosas, a los cuales expresa; o la noción de realidad como aquello que está presente en un momento dado. En general, eso que llamamos la teoría es una crítica de las nociones del sentido común y un intento por mostrar que lo que damos por hecho, que lo que parece más natural, no es más que una construcción histórica, es decir, algo construido que ya no se ve así pues se ha convertido en parte de la naturaleza. Como crítica del sentido común y como exploración de concepciones alternativas, la teoría cuestiona las premisas más elementales de los estudios literarios; por ejemplo, qué es un autor, qué cosa es el significado, qué es leer, quién es ese yo o el sujeto que escribe, lee o actúa; cómo los textos se relacionan con las circunstancias que los producen.

La teoría, entonces, es analítica pues se basa en el análisis de los conceptos, pero también es especulativa puesto que no hay evidencia que se pueda citar para demostrar que lo que se propone es una hipótesis correcta. La teoría hace argumentos que ponen en evidencia que las instituciones sociales son aparentemente naturales, que los hábitos de pensamiento son producto de relaciones económicas subyacentes y de luchas de poder, que los sujetos son producidos en y a través de los sistemas de la lengua y de la cultura, que los fenómenos de la vida consciente son producidos por fuerzas inconscientes, que lo que llamamos original es producto de la repetición y de la copia. Por tanto, se pueden sintetizar algunos de sus rasgos:

18

en primer lugar, tiene efectos fuera de la disciplina donde se produce, es decir, es interdisciplinaria; segundo, es analítica y especulativa; tercero, es crítica del sentido común, de los conceptos tomados como naturales; cuarto, es reflexiva, busca las categorías que usamos en la construcción del sentido. Por esto, la teoría es algo que asusta, pues no tiene fin, no se puede manejar; no es un grupo de textos que se puedan aprender sino un corpus de escritos ilimitado, siempre en aumento. De allí la resistencia a la teoría: admitir su importancia es hacer un compromiso sin final, quedarse en una posición donde siempre hay cosas que no llegamos a conocer.

La teoría es un reto, hace que queramos dominarla, que nos proporcione conceptos para organizar y entender los fenómenos que nos interesan. Pero ese manejo es imposible, no sólo porque siempre hay más cosas para conocer, sino porque la teoría misma cuestiona los resultados y los supuestos en los que se basa. Su naturaleza es deshacer, por medio de la impugnación de premisas y postulados, lo que creíamos que sabíamos; por ello los efectos de la teoría son impredecibles: no podemos dominarla pero tampoco nos quedamos como éramos antes ya que tenemos diferentes preguntas qué hacer y un mayor sentido de las implicaciones de las preguntas a las obras que leemos.

Estamos convencidos de que en el campo que en estas páginas nos interesa, el de la actividad proyectual, no podemos seguir dándole vuelta a la cuestión del método o de los métodos, sino que tenemos que trabajar con miras a la teoría; es verdad que hay muchos escritos que se enfocan hacia el descubrimiento de regularidades, hacia la búsqueda de una fusión de esos comportamientos regulares en un objeto más o menos coherente que denominan teoría del diseño. Pero no hay llegado el momento en que tales reflexionan pasan al nivel, por medio de lo que Bachelard llamaba, hace ya mucho tiempo, la

19

ruptura epistemológica, el instante fundador un una verdadera teoría. En tanto esta etapa llega, queremos agregar algunos pequeños bloques para la construcción de esa teoría.

Las páginas siguientes tienen como misión explorar el campo de la actividad proyectual, aunque no asumiremos ni la perspectiva estructural ni la sistémica; simplemente partimos del hecho de que todos los productos de esta actividad se caracterizan por ser generadores de sentido. Adoptaremos, sin embargo, un punto de vista un poco más sociológico, pues pensamos que es necesario que la función de esos productos se ponga de manifiesto, y que esa función, o alguna de esas funciones, se orienta hacia la comprensión, hacia la búsqueda del entendimiento, hacia el consenso. De allí que hayamos adoptado adoptado la síntesis entre las perspectivas de Max Weber y la escuela de Frankfurt que desemboca en la teoría de la acción comunicativa y la ética discursiva.

1. Consideraciones iniciales sobre la acción

Dentro de este conjunto de escritos quisiéramos abordar los problemas centrados alrededor del diseño, pero no de manera interna sino más bien desde una perspectiva que podríamos considerar como periférica; es decir, no tanto desde dentro de la disciplina misma sino en relación con el entorno social, que es a fin de cuentas lo que da sentido a esa peculiar forma de actividad o de acción que todos convenimos en llamar diseño o, como preferimos en este escrito, actividad proyectual. No se pretende establecer aquí una concepción de diseño que sea válida en cualquier momento o en cualquier lugar, sino que, para los propósitos de este trabajo, vamos a partir de una definición operativa: entenderemos aquí por diseño un tipo de práctica particular que tiene como finalidad la prefiguración para la producción de objetos, imágenes, ambientes, entornos; es decir, todo lo que cae en el ámbito de la actividad proyectual, o, dicho de manera más simple, el proceso de construcción del entorno. Por ello, cuando se habla de la manera como se construye nuestro entorno, nuestro marco de vida, en realidad se está hablando de diseño; esto, sin embargo, no es válido para todas épocas o todas las culturas sino sólo para la nuestra puesto que desde este punto de vista, el diseño es un fenómeno de las sociedades de nuestro tiempo: es es en el siglo XX cuando se consolidan las disciplinas que tradicionalmente se consideran como las conformadoras del espacio vital, de nuestra esfera de acción, de los lugares donde, para bien o para mal, se inscribe nuestra existencia:

arquitectura, urbanismo, diseño gráfico, diseño industrial, diseño de modas, diseño de interiores, etc.

Muchas personas objetan la afirmación de que el diseño sea un producto del siglo XX y afirman que el diseño ha existido siempre, desde que el primer hombre labró una piedra con fines utilitarios, es decir, desde la llegada del *homo habilis*; otros, más mesurados, dicen que el diseño existe desde la revolución industrial, lo cual en parte es cierto, pues no se puede negar que la revolución industrial desempeñó un importante papel, que es la condición de posibilidad del diseño como disciplina reconocible y diferenciada de la producción artesanal. Sin embargo, tal como lo entendemos ahora, el diseño se constituye paulatinamente a través del siglo *xix* por movimientos como el Arts and Crafts, por ejemplo, para alcanzar su consagración definitiva con la Bauhaus, que es el movimiento que plantea las bases para la concepción racional de todo el entorno. El diseño, así visto, nace relacionado con lo industrial y hereda la búsqueda de la racionalización en la producción y, de manera más importante, en el consumo. Por tanto, el diseño no es ajeno a ciertos rasgos de nuestras sociedades, las sociedades contemporáneas, sobre todo las relacionadas con el control y con el poder; por tanto, también con el discurso.

No es éste el lugar para tratar con los complejos problemas del poder o del control (aunque en la última parte hablaremos brevemente del discurso), que se han tratado extensamente en otros textos; en esta ocasión el objeto de la reflexión se encamina a plantear la relación del diseño, es decir de la actividad proyectual, con la razón o más bien con la racionalidad. Pero vamos por partes. Para comenzar a hablar de ese tipo particular de actividad a la que llamamos diseño (o actividad proyectual o práctica proyectual), nos centraremos primero es el propio concepto de actividad o, para ser más precisos, el de acción, pero no desde una perspectiva meramente filológica sino que trataremos de verlo desde el ángulo de las ciencias humanas y la filosofía. De manera un tanto arbitraria, tomaremos el libro de Hannah Arendt *La condición humana*,[5] pues allí ella sostiene que la acción es una de las categorías fundamentales de la condición humana y constituye la más alta realización de lo que la llama la vita activa. La *vita activa* se distingue de la vita contemplativa, y ambos representan una visión de cómo se debe vivir la vida. La primera era originalmente igual a las acciones políticas del ciudadano libre en la antigua *polis* griega; al desaparecer este sistema de gobierno, el significado de la vida política se degradó al concepto de vida social. Esto es evidente en la distorsión de la definición aristotélica de hombre como "animal político" que se tradujo como animal social en la Edad Media ya que el término "social" no tenía equivalente en el vocabulario griego. De igual manera, la filosofía comenzó a verse a sí misma como vida contemplativa cuya finalidad era experimentar lo eterno por encima de la esfera política. Con la introducción del término *vita activa*, Arendt ofrece una alternativa: alcanzar lo mismo pero a través de una forma específica de vida política que es diferente de la vida social que todo ser humano vive.

La *vita activa* comprende tres actividades humanas, las fundamentales de nuestro ser en el mundo: trabajo, obra y acción.[6] El trabajo es la actividad que está ligada a la con-

---

[5]Cuando habla de "condición humana", la autora no quiere referirse a la naturaleza humana pues dice, tomando como base los escritos de San Agustín, que no es posible definirla: se podría definir "quién" es el hombre pero no "qué" es, pues ésta es una pregunta que sólo un dios puede responder. Por ello, los intentos de los filósofos de definir la naturaleza humana "acaban casi siempre en la construcción de una deidad, es decir, del dios de los filósofos". Hannah Arendt, *The human condition*.

[6]Los términos originales usados por la autora son *labor*, *work* y *action*, que corresponden respectivamente a trabajo, obra y acción. Sin embargo,

dición humana de la vida y está constituido por todas las actividades humanas cuyo propósito principal es permitir la supervivencia del hombre (por ejemplo comer, dormir, beber). Estas actividades pertenecen a la esfera privada, y, en tanto que el ser humano se esfuerza laboriosamente en realizarlas, no es un ser libre. En palabras de la autora, el trabajo es "el proceso biológico del cuerpo humano" y, por tanto, la condición humana del trabajo es la vida misma. El trabajo asegura no solamente la supervivencia individual, sino también la supervivencia como especie; esta actividad, obra del cuerpo, es la que hace del hombre un *animal laborans*.

En el segundo tipo, en la obra, está todo lo que "proporciona un 'artificial' mundo de las cosas, claramente distintas de todas las circunstancias naturales". Es el mundo de los productos humanos, lo que hace del hombre un *homo faber*, un productor de cosas. La condición humana de esta actividad es a lo que la autora llama "mundanidad". Al ser la obra un producto artificial fabricado por el ser humano, es lo que "concede una medida de permanencia y durabilidad a la futilidad de la vida mortal y al efímero carácter del tiempo humano". (p. 7)

La tercera actividad, la acción, comienza cuando el ser humano desarrolla la capacidad que lo distingue, la más humana de todas, la habilidad de ser libre. Eso se consigue en la esfera pública, donde, después de haber resuelto el problema de la supervivencia individual y del grupo, pueden ser libres. La acción es la única de las tres actividades entre los seres humanos que ocurre sin necesidad de la mediación de las cosas; corresponde a la condición de la pluralidad. En tanto que todos los aspectos de la condición humana están de una u otra manera manera relacionadas con la política, la pluralidad es de ma-

---

el traductor de la edición española usa una terminología que se presta a confusión al traducir *labor* por labor y *work* por trabajo.

nera específica la condición de toda vida política. Como dice la autora, "la pluralidad es la condición de la acción humana debido a que todos somos lo mismo, es decir, humanos, y por tanto nadie es igual a cualquier otro que haya vivido, viva o vivirá". A partir de esta relación de pluralidad propia de la condición humana, la acción es lo que permite a los hombres vincularse entre sí.

Desde aquí se puede ya vislumbrar que la actividad proyectual, se puede relacionar con la obra o, en términos de la disciplina, con el objeto; pero sobre todo se puede relacionar con la acción. Según Arendt, cada una de estas actividades es autónoma en el sentido de que tiene sus propios principios distintivos y se juzga por diferentes criterios. El trabajo, por su habilidad para mantener la vida humana, para atender nuestras necesidades biológicas de consumo y reproducción; la obra, por su habilidad para construir y mantener un mundo adecuado para el uso humano; y la acción por su habilidad para revelar la identidad del agente, para afirmar la realidad del mundo y actualizar nuestra capacidad de libertad. De allí que el hombre, en tanto que *animal laborans*, vive sometido a las necesidades de la vida; en tanto que *homo faber* trabaja con las manos, es un productor; pero como hombre de acción depende de sus semejantes. La acción, por su compromiso con la preservación del cuerpo político, crea las condiciones para la historia.

Aunque considera las tres actividades como igualmente necesarias para completar la vida humana en el sentido de que cada una contribuye a su manera a realizar las capacidades humanas, piensa que que la acción es lo propio del ser humano, lo que lo distingue de los animales (que se asemejan al humano porque necesitan trabajar para mantenerse y reproducirse) y de los dioses (con quienes compartimos, aunque de manera intermitente, la actividad de la contemplación). En

25

este aspecto, las categorías de trabajo y de obra, aunque significativas en sí mismas, tienen que verse como contrapartida de la acción, pues ayudan a diferenciar y a resaltar el lugar de ésta en el orden de la *vita activa*.

Los rasgos centrales de la acción son la libertad y la pluralidad. Libertad no quiere decir habilidad de escoger entre posibles alternativas, como dice la tradición liberal, sino que es la capacidad de todo ser humano para iniciar algo nuevo, para hacer lo no esperado. Ahora bien, si actuar es tomar la iniciativa, introducir lo nuevo e inesperado en el mundo, esto no es algo que puede hacerse de manera aislada, sin la presencia de los otros, de una pluralidad de actores que, cada uno desde su punto de vista, pueden juzgar lo que comienza. Como dice M. Passerin d'Entreves, la acción necesita de la pluralidad de la misma manera que el artista necesita de su audiencia; sin la presencia y el reconocimiento de los otros, la acción deja de ser una actividad significativa. De esta manera, darse a conocer a través de hechos y palabras y producir consenso, sólo se puede hacer en un contexto definido por la pluralidad. La acción, dice Arendt (p. 188), "a diferencia de la fabricación, nunca es posible en aislamiento; estar aislado es lo mismo que carecer de la capacidad de actuar".

La expresión que la autora utiliza para englobar las actividades de trabajo, obra y acción es *vita activa* (de hecho, ella misma traduce ese libro al alemán y lo titula *Vita activa*). Esa expresión está asociada a la tradición del pensamiento político que se remonta a Sócrates y que está en relación con el modo de vida político (el *bios polítikos*) aristotélico y a la *vita actuosa* de Agustín; es decir, a la vida consagrada a los asuntos de la ciudad; así, se debe tomar el término "política" como referido a la vida en la *polis*. Este modo de vida se refiere la acción en el dominio de los asuntos humanos, por lo cual dentro de él no caben las otras dos actividades, el trabajo y la obra. El privilegio de la política proviene del hecho de que la *polis* era una forma libremente elegida; de allí que la acción no pueda pensarse fuera de la sociedad, fuera del contacto con los demás; ni el trabajo ni la obra requieren la presencia de los otros; "sólo la acción es prerrogativa exclusiva del hombre [...] y depende por entero de la presencia de los demás". (pp. 22-23)

El concepto de lo político usado por Arendt se refiere a lo relacionado con la ciudad griega (la *polis*). En el mundo griego, el hombre está capacitado para organizarse políticamente, y esta capacidad se opone a esa otra capacidad de asociarse de manera natural que tiene como núcleo la familia y el hogar. Con la *polis*, el hombre logró pertenecer a dos órdenes de existencia, una vida privada y el modo de vida político, lo que establece una distinción muy notoria entre *idion* y *koinon*, entre lo propio de cada uno y lo que es común al grupo.

Gracias a la pluralidad por la cual cada uno de nosotros es capaz de actuar y de hablar, podemos relacionarnos con los otros de una manera única y distintiva, y, con ello, contribuimos a una red de acciones muy compleja e impredecible. Es esta red lo que configura el conjunto de los asuntos humanos, el espacio donde nos relacionamos unos con otros por la mediación de las cosas y del lenguaje; de allí que se pueda hablar de interacción comunicativa: la acción implica el habla porque por medio de ésta se puede articular el significado de nuestras acciones y coordinar la acción de una pluralidad de agentes, pero, al mismo tiempo, el hablar implica el actuar, no sólo porque el habla es una forma de acción sino porque con frecuencia la acción es el medio por el que verificamos la sinceridad del hablante. Por tanto, así como el actuar sin el hablar corre el riesgo de no tener sentido y no poder coordinar las acciones de los otros, así el hablar sin el actuar carece de los medios para confirmar la veracidad de quien habla.[7]

Para Arendt, (pp. 24-25), sólo las acciones se "consideraron políticas y aptas para constituir lo que Aristóteles llamó *bios politikos*, es decir, la acción (*praxis*) y el discurso (*lexis*)". El discurso, de la misma manera que la acción, necesita de la presencia de los otros así como la fabricación requiere de la presencia de la naturaleza de donde obtiene su materia y de un mundo para colocar el producto acabado. Como el término "discurso" puede relacionarse con conceptos más modernos, especialmente el que aquí tomaremos en la última parte de este trabajo, en lugar de hablar de acción y discurso, por ahora hablaremos más bien de actuar y hablar.

Actuar y hablar junto con los otros, en sociedad, es un requisito previo de toda forma de organización política; para ambas cosas se requiere la pluralidad que, como dice Arendt (p. 220), es la "condición *sine qua non* para ese espacio de aparición que es la esfera pública". Una vida sin acción y sin discurso no es ya una vida humana, "está literalmente muerta para el mundo" porque a través de estas actividades los seres humanos muestran quiénes son, revelan de manera activa su identidad única y personal. Dejamos aquí los puntos de vista de Arendt, que van en otros sentidos, muy ricos todos ellos, pero nos quedamos con su conclusión de que la acción (y el hablar) con la condición de la vida en sociedad, por tanto también de ese tipo particular de actividad que es la proyectual.

Antes de comenzar a analizar las condiciones para el estudio del campo del diseño, vale la pena referirnos a un pensador

---

[7]M. Passerin d'Entreves, "Hannah Arendt", op. cit. En las partes finales de este trabajo veremos más sobre las relaciones entre el hacer y la responsabilidad y la sinceridad; es decir, implicaciones relacionadas con la ética.

actual que tiene una amplia visión del campo del diseño que puede ser pertinente integrar en nuestra investigación; se trata de Richard Buchanan, y para él el campo del diseño puede abarcar todo lo que podríamos llamar lo humano; en un conocido artículo parte de considerar al diseño como "un nuevo arte liberal de la cultura tecnológica", y caracteriza estas nuevas artes liberales como disciplinas integradoras entre arte y ciencia; una "base científica para el diseño" es lo que él llama pensamiento de diseño, gracias a "la preocupación para conectar e integrar el conocimiento útil a partir por igual de las artes y de las ciencias, pero en formas que se adapten a los problemas y efectos actuales" (Wicked problems in design thinking, p. 6). Esa base científica, el pensamiento del diseño, sin embargo, no aparece de manera explícita en su artículo, pues sólo dice que el diseño continuamente expande sus significados y conexiones en la cultura contemporánea ya que "no existe área de la vida contemporánea donde el diseño [...] no sea un factor significativo en la conformación de la existencia humana". (p. 8) Todos los campos de intervención del diseño en la sociedad son, continúa el autor, lugares donde está presente la invención que comparten los diseñadores, y es allí donde se descubren las dimensiones del pensamiento de diseño por medio de un replanteamiento de los problemas y de las soluciones. En esos campos, el diseñador trata con signos, cosas, acciones y pensamientos, y todos ellos no sólo están interrelacionados sino que se incrustan unos con otras hasta que se fusionan en el pensamiento de diseño contemporáneo; esto a su vez trae consigo consecuencias respecto a la innovación. Por el hecho de que los diseñadores poseen la habilidad de descubrir nuevas relaciones entre signos, cosas, acciones y pensamientos, concluye Buchanan, el diseño no es una mera especialidad técnica sino un arte liberal nuevo y, como tal, perteneciente al campo de lo humano.

Podemos continuar el argumento. La siguiente interrogante que lógicamente se plantea es desde dónde estudiar la actividad proyectual, desde qué lugar teórico debemos hacerlo, lo cual tiene implicaciones acerca de la inserción de las escuelas de diseño en la estructura universitaria. La pregunta inicial de esta sección se orienta hacia el lugar donde se sitúa el diseño dentro de las disciplinas académicas. ¿Se clasifica entre las disciplinas técnicas, o sea entre las ciencias físicas y naturales, o entre las ciencias sociales y humanas? Si asumo que ésta es una pregunta pertinente, entonces lógicamente tenemos que interrogarnos acerca de la diferencia entre las ciencias físicas y naturales y las sociales o humanas. Existen muchas respuestas a esta pregunta, pero aquí quiero tomar la perspectiva planteada por Habermas que, a cuarenta años de distancia (*Conocimiento e interés*, 1968), no parece haber perdido pertinencia. Alí el autor distingue tres distintos intereses en el conocimiento: el técnico, el práctico y el emancipatorio, todos ellos constitutivos del conocimiento y que son la base de tres formas diferentes de conocimiento y, por tanto, de tres clases de disciplinas, cada una con su propio enfoque metodológico distintivo, su propio campo o dominio y sus objetivos.

Habría que aclarar que el sentido que da el autor a los términos 'técnico' y 'práctico' no es el que damos comúnmente en la vida cotidiana, sino que constituye una apropiación de los términos aristotélicos de *tecné* y *praxis*: el primero como un tipo de acción deliberada que se realiza cuando se hace o se fabrica algo (*poiesis*), mientras que el segundo (*praxis*) es una forma de interacción humana que se realiza en la comunicación intersubjetiva. Así, cada uno de los tres intereses cognoscitivos está arraigado en una dimensión de la existencia humana: el técnico en la del trabajo, de la producción, de la transformación de la materia; el práctico, en la interacción simbólica; y el el emancipatorio, en la dimensión del poder.

Por tanto, las tres clases de disciplinas son, primero, las ciencias analítico-empíricas, con un interés cognoscitivo técnico; segundo, las ciencias hermenéutico-históricas, con un interés cognoscitivo práctico; y, tercero, las ciencias orientadas críticamente, las que se orientan desde el punto de vista cognoscitivo hacia la emancipación. Las disciplinas analítico-empíricas corresponderían, en su función de hacer y fabricar, a las ciencias físicas y a las de la naturaleza. Las ciencias sociales o humanas corresponderían a las ciencias hermenéutico-históricas, las cuales están reguladas por un interés práctico orientado hacia la comprensión, es decir hacia la interpretación y la interacción simbólica. Debe aclararse que cuando se habla de interés técnico para las ciencias que para simplificar podemos llamar exactas (las analítico-empíricas), no quiere decir que éstas sean sólo disciplinas de la técnica aplicada sino que, por su forma, se prestan más a una aplicación técnica.

Lo importante es que ni las disciplinas orientadas por un interés técnico (las naturales) ni las orientadas por un interés práctico (las humanas) pueden, tomadas de modo unilateral, dar cuenta por sí solas del conocimiento del mundo. Aunque a menudo los practicantes de estas clases de disciplinas pretenden una universalidad y que su modo de conocer es el único posible, esto no es tan fácil de afirmarse puesto que para ello se requiere una síntesis entre ambas clases, lo cual hace entrar en escena el tercer interés cognoscitivo, el emancipatorio, que puede derivarse de los supuestos de los intereses técnico y práctico, siempre y cuando estén bajo el dominio de la razón para exigir que la comunicación sea recíproca y no distorsionada, es decir, auténtica. El resultado de esa síntesis sería una ciencia crítica, al mismo tiempo empírica e interpretativa, cuya meta sería el descubrimiento de las normas, pero que también vaya más allá y trate de determinar cuándo los enunciados teóricos captan las regularidades de la acción social como tal, y cuándo expresan relaciones de dependencia. Estas ciencias críticas no pueden prescindir del diálogo.

Posiblemente, para muchos es obvio que el diseño, el campo de las disciplinas proyectuales, se inserta entre las disciplinas analítico-empíricas; es decir, que su lugar está entre las ciencias físicas aplicadas. Desde una perspectiva diferente, Herbert Simon dice, en un ya clásico libro, que el diseño está entre las "ciencias de lo artificial", que se oponen a las "ciencias de lo natural". Las cosas artificiales, dice, son producidos por los seres humanos y pueden imitar su apariencia; su característica más importante es en términos de funciones, de metas y de adaptación a fines. Las escuelas de ciencias tratan con las cosas naturales, pero cuando se trata de las artificiales, han sido las escuelas de ingeniería las encargadas de hacer los artefactos con las propiedades deseadas, de cómo diseñarlos. Sin embargo, dice después que los ingenieros no son los únicos profesionales del diseño y todo diseño se orienta "a cambiar las situaciones existentes en situaciones preferidas". De allí que, además de las de ingeniería, otras escuelas también se orientan hacia el proceso de diseño: arquitectura, negocios, educación, leyes y medicina. Todas ellas pueden "asumir responsabilidad en la medida en que descubren y enseñan una ciencia del diseño, un cuerpo de doctrina intelectualmente dura, analítica, parcialmente formalizable, parcialmente empírica, acerca del proceso de diseño". (p. 113) Sin embargo, me interesaría plantear es que el diseño, se entienda como una disciplina o como un conjunto de éstas, puede verse como una actividad cuyo interés es la emancipación. Pero para ello tendríamos que pensarlo como una síntesis entre las ciencias analítico-empíricas y las hermenéutico-históricas. Es decir, que pensarlo desde la perspectiva de las ciencias humanas. Para explorar esa posibilidad vamos a hablar brevemente de este grupo de ciencias y tratar de encontrar su relación con el diseño.

Es ya un lugar común decir que, en un principio, el problema del conocimiento era cómo el sujeto conoce al objeto, es decir, cómo el hombre conoce al mundo. Los intentos de responder esta pregunta dieron origen a las ciencias físicas y naturales, las cuales se consolidaron con Newton y Galileo. Pero en el siglo XIX surge la necesidad de conocer al sujeto mismo y el problema del conocimiento pasa a ser cómo el sujeto se conoce a sí mismo, lo cual da como resultado lo que ahora llamamos ciencias sociales o humanas; todas ellas configuran un grupo de disciplinas que tienen en común un hecho fundamental: se ocupan todas ellas del mundo hecho por el hombre, o del aspecto del mundo que lleva la huella de la actividad humana. Todas son cuerpos de conocimientos que discuten las acciones humanas y sus consecuencias. Así visto, podríamos pensar que no es tan descabellado afirmar que las disciplinas proyectuales caen en la esfera de las ciencias humanas o al menos tienen una dimensión que puede verse desde esas ciencias.

Dicho esto, tendríamos que pensar en los criterios para distinguir las ciencias humanas de la exactas; uno de ellos sería el papel del sentido común en ambas disciplinas; lo que llamamos el sentido común sería ese conocimiento, amplio pero desorganizado, asistemático y con frecuencia inarticulado e inefable que usamos en la vida cotidiana. Para las ciencias exactas no es un problema ya que se definen a sí mismas en función de los límites con otras ciencias tan sistemáticas como ellas; como no comparten con el sentido común terreno alguno, no tienen por qué trazar límites con respecto a él. Si el sentido común no tiene nada qué decir acerca de las cuestiones de la física, química o biología, en las ciencias humanas es diferente, ya que toda la experiencia que proporciona la materia prima para estas disciplinas es la de la gente en la vida común y cotidiana; una experiencia que, antes de ser objeto de estudio del científico social, ha sido vivida por alguien. Es decir, todo aquello de lo que hablan las ciencias humanas, ya estuvo en nuestra vida ya que vivir junto con otros requiere gran cantidad de sentido común.

Otro aspecto importante en esa distinción es que, en las ciencias naturales los fenómenos observador están allí a la espera de que el científico les asigne significado, pero lo que estudian las ciencias humanas, las acciones realizadas por los hombres tienen significados asignados por los propios actores; allí, todos los términos, conceptos, palabras que se utilizan están fuertemente cargado por los significados dados por el sentido común. Por eso están las ciencias humanas tan cercanas al sentido común y que sea necesario delimitarlas porque mantienen con él un diálogo íntimo y permanente.

Habermas califica como histórico-hermenéuticas a las ciencias humanas; tal vez sea una buena pista tomar esa denominación, de la participación de lo histórico y lo hermenéutico, para caracterizar este tipo de ciencias y nos conduzca a relacionarlas con las disciplinas proyectuales.[8] Pero vamos por partes. La consideración de las ciencias humanas lleva a la pregunta por su especificidad, es decir, a la necesidad de determinar en qué se distinguen de las otras ciencias, de las naturales. La relación entre los dos grupos de ciencias ha sido abordada por filósofos, al menos desde finales del siglo XIX por Dilthey, para quien el estudio de los asuntos humanos, que es a lo que se dedican las ciencias humanas, intenta la comprensión del mundo social, mientras que las ciencias naturales se encargan de la explicación de los hechos de la naturaleza. La

---

[8]No está entre los objetivos de este trabajo el tratamiento ni de la historia ni de la hermenéutica, pero creemos que un un estudio completo del campo de lo proyectual no puede prescindir de estas disciplinas.

explicación de los hechos del mundo natural, que es causal, no es suficiente para entender la vida humana: las ciencias naturales, dice, explican las cosas desde afuera por medio de teorías que descansan en la observación empírica, pero las acciones humanas tendrían que entenderse desde dentro, desde la experiencia subjetiva: entender el significado de una acción requiere interpretarla desde la experiencia subjetiva del agente. Dilthey no usa la expresión "ciencias humanas", sino la de ciencias del espíritu, las cuales abarcan tanto las humanidades como las ciencias sociales e incluyen desde disciplinas como la filología, los estudios literarios, religión y psicología, hasta la ciencia política y la economía. El material de estas ciencias, dice (*Introducción a las ciencias del espíritu*, p. 33), "lo constituye la realidad histórico-social en la medida que se ha observado en la conciencia los hombres como noticia histórica, en la medida que se ha hecho accesible a la ciencia como conocimiento de la sociedad actual".

Dilthey se refiere específicamente a la historia con el fin de hacer una crítica a las posiciones del historicismo, en especial de la tesis de que existe un marco general que explica todos los hechos históricos. Si se pudieran dar explicaciones universales para la historia de la misma manera en que se dan para la naturaleza, se debía reconocer que sólo serían posibles para contenidos parciales de la realidad. Si las ciencias naturales han sido tan exitosas en descubrir las leyes causales de la naturaleza es porque han podido abstraerlas a partir de una visión total del mundo exterior. Las ciencias humanas tienen que tratar con las redes del mundo histórico y con los hechos reales de los seres humanos; así, las explicaciones que son adecuadas para el mundo histórico tendrán como requisito un análisis de los múltiples contenidos parciales que son pertinentes en un contexto particular. (Cfr. Makkreel, Rudolf, "Wilhelm Dilthey") Las ciencias humanas o del espíritu tratan con lo que Dilthey llama "sistemas culturales" y "organizaciones externas de la sociedad." Los sistemas culturales son asociaciones de individuos reunidos voluntariamente para ciertos propósitos que sólo pueden lograr por medio de la cooperación. Estos sistemas son culturales en el sentido más amplio posible e incluyen todos los aspectos de la vida social. Pueden ser políticos, económicos, artísticos, científicos o religiosos en naturaleza y no limitados por intereses locales nacionales. Las organizaciones externas de la sociedad por el contrario son aquellas estructuras institucionales como la familia y el estado en que se nace. En ellas hay "causas duraderas que limitan las voluntades de muchos en un todo único" dentro del cual pueden establecerse las relaciones de poder, dependencia y propiedad. (*Introducción a las ciencias del espíritu*, p. 84) De allí que las leyes que se descubran en las ciencias humanas se aplicarán no a la historia en general, sino sólo a sistemas culturales u organizaciones sociales específicos. Es posible llegar a descubrir leyes del crecimiento económico, del progreso científico o del desarrollo literario, pero no a leyes históricas generales que abarquen el progreso humano.

Explicar las acciones humanas fue el objetivo de las ciencias humanas desde su inicio, especialmente de la sociología, y esto fue compartido por los fundadores de esta disciplina, Durkheim y Weber. En un primer momento había exigencias para que las ciencias humanas siguieran las pautas de las ciencias naturales, es decir, debían ser exactas, útiles y eficaces. El objeto de estudio de estas ciencias, la naturaleza, se entendía como carente de voluntad y propósito, de modo que podía subordinarse a la voluntad y propósito de quienes la explotaban para satisfacer sus necesidades. Su lenguaje, además, al estar purificado de todo término acerca de propósitos y significados, se pensaba como un lenguaje objetivo, que ve a sus objetos impulsados por fuerzas externas, despojadas de toda intención. La sociología quería demostrar que era posible un estudio de la actividad humana con métodos tan precisos y objetivos como los de las ciencias de la naturaleza, y que podía obtener un conocimiento igual de exacto y de objetivo. Según Durkheim, (*Las reglas del método sociológico*, p. 53) la primera regla de lo que él llama el método sociológico es "considerar los hechos sociales como cosas". Este autor, que se considera uno de los padres fundadores de las ciencias humanas, adoptó el modelo de ciencia caracterizado por lo objetivo, con el objeto de estudio separado del sujeto, como algo exterior que se somete a la mirada del investigador y se describe por un lenguaje neutro.[9] La diferencia para él estaba en que veía los hechos sociales regidos por normas en lugar de leyes, aunque pensaba las normas como causas materiales y eficientes de la regularidad de la conducta humana y de la conducta social.

A diferencia de Durkheim, Max Weber rechaza la idea de que la sociología tenga que imitar a las ciencias naturales porque parte de que la realidad humana es diferente de la realidad natural. Esa diferencia está en que los actores humanos ponen significados en sus acciones; por eso necesitan no tanto ser explicadas sino comprendidas, y explicar la acción humana significa entenderla, captar el significado que el actor

---

[9]Dice en el mismo lugar que "debemos considerar los fenómenos sociales en sí mismos, desprendidos de los sujetos conscientes que se los representan; es preciso estudiarlos desde fuera como cosas externas, porque así se nos presentan" (pp. 68-9) Y después: "en las ciencias naturales la regla exige que se aparten los datos sensibles que pueden ser demasiado personales en el observador, para retener exclusivamente los que presentan un grado suficiente de objetividad. [...] El sociólogo debe tomar las mismas precauciones: los caracteres exteriores en función de los cuales define el objeto de sus investigaciones deben ser lo más objetivos posibles". (p. 87)

le confiere.[10] Weber sostuvo que la investigación de los actos humanos apunta a la comprensión, y que la sociología puede ser objetiva, puede alcanzar el conocimiento objetivo de la realidad humana subjetiva. En resumen, lo que dice Weber es que una mente racional puede reconocerse en otra mente racional y que, en la medida en que los actos estudiados son racionales (calculados y orientados hacia un propósito), pueden ser racionalmente entendidos, es decir, explicados postulando un significado y no una causa. Vamos a tratar el tema de la racionalidad en la siguiente sección, pero antes veamos el concepto de acción según Weber.

Por acción Weber entiende "una conducta humana (bien consista en un hacer externo o interno, ya en un omitir o permitir) siempre que el sujeto o los sujetos de la acción enlacen a ella un sentido subjetivo". Llama "conducta" a cualquier tipo de acción humana

> que tome posición frente a un cierto objeto, encontrando en él su término de referencia; de tal modo se identifica con la acción humana en cuanto condicionada por una situación objetiva". Pero añade también que, desde el punto de vista de la sociología, la conducta pertinente no es la acción humana sino la acción social, es decir, "una especie particular de acción que se refiere a la acción de otros individuos (Pietro Rossi, Introducción, p. 29).

La sociología, según Weber, es la ciencia que estudia las acciones; a través de ella se "pretende entender, interpretándola, la acción social para de esa manera explicarla causalmente en su desarrollo y efectos". Y la acción social es aquella en la que el

---

[10]Que el diseño es un tipo de actividad donde están presentes significados que tienen como telón de fondo la cultura total de una comunidad es algo que a estas alturas ya no es algo que se pueda cuestionar. Esa idea ya está en germen en el concepto de acción de Weber como una conducta unida a un sentido.

sentido expresado por su sujeto "está referido a la conducta de otros, orientándose por ésta en su desarrollo. (*Economía y sociedad. Esbozo de sociología comprensiva*, p. 5)

La búsqueda de objetividad en las ciencias humanas consiste, en la perspectiva de Durkheim, en separar al sujeto del objeto investigado lo más que sea posible, y la explicación consiste en la búsqueda de leyes lo más generales que se pueda. Desde allí, cuando se explica algo lo que se hace por lo general es buscar un hecho o un acontecimiento que precede a lo que intenta explicar; en este caso, la explicación consiste en representar el hecho por explicar como una proposición que se deduce de otra más general, es decir, de una ley. Pero Weber se da cuenta que cuando esto mismo se quiere aplica a la conducta humana, ese tipo de explicación no toma en cuenta el hecho que se trata de un acto realizado por una persona, y que ésta pudo elegir esa manera de actuar entre otras posibles. Se comprende la acción después de que sucedió y se interpreta como resultado de ciertas reglas que siguieron los actores para hacer lo que hicieron, sin pensar que esas reglas podrían producir más de un comportamiento; en todos los casos se podría haber hecho otra cosa. Las acciones humanas podrían ser diferentes incluso si las circunstancias de la acción y los motivos siguieran siendo los mismos. Por esa razón, hablar de circunstancias externas o de leyes generales en el caso de acciones humanas no satisface como en el caso de hechos de otro tipo. En las acciones humanas, el actor es alguien que toma decisiones y la acción es el resultado de una decisión.

Es cierto que hay muchas conductas humanas en las que no es posible tomar decisiones, acciones irreflexivas, que no consideran las posibilidades alternativas. Ejemplos de esta conducta serían los actos habituales, donde no se piensa en el propósito, o las acciones afectivas, sometida a la influencia de emociones que anulan el razonamiento y suspenden todo cálculo de los propósitos y consecuencias. Se trata de acciones irracionales, pero este término no implica una evaluación de la utilidad del acto; simplemente se entiende que no es consecuencia de una toma de decisión.

En nuestra vida cotidiana nos encontramos siempre con objetos estructurados simbólicamente, que encarnan estructuras de un saber preteórico, que los sujetos los han construido con ayuda de ese saber. El sentido de esa realidad estructurada simbólicamente radica en las reglas generativas conforme a las cuales los sujetos que aparecen en ese ámbito objetual producen el conjunto de su vida social. El ámbito objetual de las ciencias sociales comprende todo lo que puede caer bajo la descripción "elementos del mundo de la vida":[11] los objetos simbólicos que generamos cuando actuamos y hablamos, desde las manifestaciones inmediatas y los sedimentos de esas manifestaciones (como textos, documentos, objetos, obras de arte, etc.), hasta los productos generados indirectamente que pueden organizarse y estabilizarse a ellos mismos, como es el caso de las instituciones, los sistemas sociales y culturales, etc.

Con estas consideraciones en mente, podemos hacer una reformulación de la definición inicial acerca del concepto de diseño; si en principio lo vimos como una práctica configuradora del entorno humano, ahora podemos agregar que es una actividad racional, es decir, una acción, y que por tanto está siempre asociada con un sentido. Vamos a partir de la definición inicial dada al principio de esta sección con este último agregado; por ello será necesario argumentar acerca del concepto de acción, pensada ahora como una acción racional. De allí que tengamos que discutir inicialmente qué se entiende por racional.

---

[11]Este concepto será desarrollado en capítulos posteriores.

2. Sobre la racionalidad

Muchas personas, desde dentro del diseño, hablan de la actividad proyectual como lugar de una lucha entre lo racional y la producción de la novedad (en sus términos, de la "creatividad"); piensan que lo que caracteriza y define al diseño es que es por antonomasia donde se manifiesta lo "creativo" y ven la racionalidad como un mal necesario. En este capítulo quisiéramos comenzar a discutir ese carácter racional de la sociedad pero de una manera que no se oponga a la continua producción de lo nuevo, que es, eso sí, lo propio del diseño, sino al contrario, como su condición de posibilidad; es decir, que la actividad proyectual sólo ha podido alcanzar su nivel de desarrollo actgual gracias a lo complejo de la sociedad y a su carácter racional.

Pero antes de plantear la relación de la actividad proyectual con la razón o con la racionalidad, tenemos que admitir que todas las nociones relacionadas con la razón, tales como racional, racionalidad, etc., que configuran un campo semántico más o menos bien definido, están, todas ellas, muy cargadas de sentido común y, por tanto, casi todos tenemos una idea razonablemente clara de cómo entenderlas, aunque no necesariamente de la manera adecuada; por ejemplo, se califica de racional a una persona que piensa las cosas antes de actuar, que recurre a la lógica antes que a la intuición o a los sentimientos; y esto no es incorrecto pero sí parcial. Lo mismo ocurre en los campos del diseño y la arquitectura, pues cuando allí se usa la palabra racionalidad (y se usa muy

41

ampliamente), en realidad se habla más bien en relación con un estilo, el llamado racionalismo. Otra noción que en los escritos de los teóricos de la arquitectura y del diseño aparece estrechamente relacionada con lo racional es la de lo funcional, término que también en muchas ocasiones se confunde con otro estilo, el funcionalismo. En el lenguaje cotidiano se califica como racional a ciertas personas, pero se habla de funcional no con relación a las personas sino a los objetos; por ejemplo, se dice que un objeto es funcional si sirve directamente a sus propósitos. De esta manera, es de esperarse que un arquitecto o un diseñador racional diseñe objetos, casas o edificios funcionales; de hecho, ésta fue la tendencia sobre todo en algunos periodos del último siglo. No entraré ahora en las cuestiones acerca de esa relación entre los conceptos ni me referiré más al concepto de función o de lo funcional pero sí intentaré aclarar en las páginas que siguen la noción de racionalidad, tan utilizada y tan mal comprendida en los ámbitos del diseño.

Habría que buscar los orígenes de esta concepción de lo racional, especialmente de los objetos y los espacios de vida, puesto que es desde lo proyectual desde donde queremos tratarla. El primer escrito donde aparece de modo consecuente la noción de racionalidad aplicada a la arquitectura, según dice Reiner Banham, es de 1932: *Gli elementi dell'architettura funzionale*, de Sartoris.[12] El uso de ese término en el campo de la arquitectura y el diseño y de sus textos especializados, como se dijo antes, al referirse más a la noción de racionalismo que al de racionalidad, se orienta por tanto hacia cuestiones que tienen qué ver más con los estilos y no pretende ir más allá de su uso en el lenguaje común, pues no consigue apar-

---

[12]Geoffrey Broadbent, *The rationalists. Theory and design in the Modern movement*. El título inicial del libro de Satoris era *L'architettura razionale*, el cual fue cambiado a sugerencia de Le Corbusier.

tarse de ese uso común que no es el que Max Weber propone en su marco conceptual.

Los investigadores agrupados en torno a la escuela de Frankfurt hicieron aportes importantes al estudio de la racionalidad y la consideraron como una característica de los sistemas sociales contemporáneos. Marcuse, para mencionar sólo uno de ellos, relaciona la búsqueda del bienestar con la razón y dice que las necesidades de una sociedad se convierten en necesidades y aspiraciones individuales; por tanto, que su satisfacción promueve el bienestar general ya que "la totalidad parece tener el aspecto de la razón". (*El hombre unidimensional*, p. 8) Eso es lo mismo que decir que lo racional en una sociedad consiste en la búsqueda de satisfacción de las necesidades; sin embargo, él mismo dice que las sociedades de nuestra modernidad son más bien irracionales ya que su carácter compulsivo hacia la productividad destruye el libre desarrollo de las necesidades y facultades humanas; en estas sociedades el aparato productivo tiende a hacerse totalitario puesto que determina no sólo las aptitudes, actitudes y ocupaciones socialmente necesarias, sino también las individuales. Las sociedades de la modernidad se caracterizan por el hecho de que la tecnología asume un papel hegemónico pues,

> en el medio tecnológico, la cultura, la política y la economía se unen en un sistema omnipresente que devora o rechaza todas las alternativas. La productividad y el crecimiento potencial de este sistema estabiliza la sociedad y contiene el progreso técnico dentro de los marcos de la dominación. La razón tecnológica se ha hecho razón política. (p. 11)

Según Marcuse, las sociedades avanzadas parecen ser la únicas capacitadas para satisfacer las necesidades de todos sus integrantes pero, por la manera como están organizadas, no permiten al pensamiento una función crítica; por ello mismo exigen la aceptación de sus principios y reducen toda disidencia a la búsqueda de acciones supuestamente alternativas aunque en realidad están cuidadosamente previstas y, por ello, insertas en los marcos del statu quo. De allí que, en lugar de dirigir sus objetivos hacia la satisfacción de las necesidades de los integrantes de la sociedad, el aparato productivo, en general la razón tecnológica como él la llama, imponga sus imperativos económicos y políticos no ya solamente sobre el tiempo de trabajo de los individuos sino también y sobre todo sobre el tiempo del ocio y del consumo. De allí la afirmación de Marcuse de que, más allá del nivel biológico, las necesidades humanas, tanto en su intensidad como en su carácter, están condicionadas puesto que "la posibilidad de hacer o dejar de hacer, de disfrutar o destruir, de poseer o rechazar algo, se conciba o no como una necesidad, ésta depende de si puede o no ser vista como deseable y necesaria para las instituciones e intereses preponderantes en la sociedad". (p. 14)

La búsqueda de respuesta a las interrogantes planteados por un enfoque serio en los estudio del diseño que se basan en las nociones asociadas con las necesidades humanas y sus satisfactores, camino seguido en los escritos de muchos de los teóricos de este campo, ha mostrado muy poca eficacia (éste ha sido el caso de los trabajos clásicos de Bonsiepe, Maldonado y muchos más); de hecho, con todo lo importante que fue para los años sesenta y setenta el trabajo de Marcuse, una visión más productiva de nuestra sociedad y de una de sus actividades fundamentales, la proyectual, requiere cambiar de terreno y, paradójicamente, recurrir a los escritos de un pensador al menos medio siglo anterior a Marcuse: a Max Weber.[13]

---

[13]Muchas de las concepciones de Gropius sobre la enseñanza del diseño y sus concepciones sobre la sociedad están basadas en los textos de

Un camino para enfocar la idea de lo racional por parte de Weber es a través de la noción de comunidad. Una comunidad es para él un conjunto de personas que se caracterizan por concordar, por un lado, respecto de algo sobre lo cual tal vez otras personas no están de acuerdo, y, por otro, en la autoridad concedida al acuerdo por encima de cualquier cosa. La idea compartida que sustenta todas las demás es que el conjunto en cuestión es realmente una comunidad;[14] que las opiniones y actitudes son o deberían ser compartidas y, si alguna de ellas difiere, siempre es posible llegar a un acuerdo; la disposición de llegar a acuerdos es una actitud básica y natural de todos los miembros de la comunidad. El grupo formado es siempre de una comunidad de significados y el sentido de pertenencia es más fuerte y seguro porque no se elige, no se hace nada para crearlo o para destruirlo.

Weber usa el concepto de "actuar en comunidad" para mencionar el hecho cuando "la acción humana se refiere de manera subjetivamente provista de sentido a la conducta de otros hombres". ("Sobre algunas categorías de la sociología comprensiva" p. 189) Para que exista comunidad lo importante es el consenso y no es necesario que los participantes de ésta se conozcan; la única base de ese actuar por consenso "es la validez unívoca, en cada caso distinta, del consenso, y no una constelación de intereses internos o externos que provoque alguna otra cosa y cuya existencia pueda estar condicionada por estados interiores y fines de los individuos, por lo demás muy heterogéneos, entre sí". (p. 208) Esta unión de

Weber, su contemporáneo. En páginas posteriores veremos algunas ideas de Gropius.

[14]Dice Weber: "Llamamos comunidad a una relación social cuando y en la medida en que la actitud en la acción social [...] se inspira en el sentimiento subjetivo (afectivo o tradicional) de los partícipes en constituir un todo". (*Economía y sociedad. Esbozo de sociología comprensiva*, p. 33).

fines racional que es una comunidad se basa en "un pacto expreso en cuanto a medios, fines y ordenamientos" y es algo que perdura aunque sus participantes cambien continuamente. La comunidad es, pues, el resultado de este actuar que se caracteriza "por el hecho de que, a partir de la presencia de ciertas circunstancias objetivas en una persona, se espera de ésta, y se lo espera por cierto en promedio con derecho que participe en el actuar en comunidad y, en particular, que actúe en vista de los ordenamientos". (p. 213) Finalmente, dice en otro lugar, que la comunidad sólo existe

> cuando sobre la base de este sentimiento [de la situación común y sus consecuencia] la acción está recíprocamente referida –no bastando la acción de todos y cada uno de ellos frente a la misma circunstancia– y en la medida en que esta referencia traduce el sentimiento de formar un todo. (*Economía y sociedad*, p. 34)

Además de estas agrupaciones que son las comunidades, existen otras llamadas organizaciones o corporaciones; éstas son grupos, que se distinguen de los anteriores en el hecho de que sus integrantes se reúnen sólo para la realización de tareas definidas; sus propósitos son limitados, por lo que también lo son las pretensiones de influir sobre el tiempo, la atención y la disciplina de los miembros. Estos grupos son creados deliberadamente y, en ellos, el papel de la tradición en la comunidad se sustituye por el propósito de la tarea, en función del cual se establece la disciplina y el compromiso de sus integrantes. En estos grupos de objetivos (las organizaciones), los individuos no participan como personas completas sino sólo desempeñan roles; como son grupos especializados por las tareas que realizan, también lo son sus integrantes según su contribución a la tarea. El papel de cada uno es distinto del que desempeñan los otros miembros del grupo, así como de los otros papeles que pueda desempeñar él mismo en otras organizaciones. Una organización, pues, se compone de roles o papeles y no de personas. Los individuos son integrantes de una comunidad como personas totales, pero en las organizaciones no cuentan como totalidades sino sólo por su destreza para una función particular o su disposición para realizarla; es decir, son intercambiables. Se espera que todo miembro de una organización se dedique íntegramente a desempeñar su papel, que se identifique con él, pero también que se distinga, que no confunda los derechos y deberes de ese papel con los de otra actividad o de otro lugar.

Weber identifica en la proliferación de las organizaciones en la sociedad de su tiempo una señal de la creciente racionalización de la vida social. En un escrito muy conocido,[15] hace un recuento de varios fenómenos culturales que son propios del Occidente moderno. En primer lugar, el desarrollo de las ciencias que, aunque han existido en todas las civilizaciones, nunca han tenido la sistematización y la coherencia de su sistema conceptual. Lo mismo aparece en el campo de las artes; la música, por ejemplo: sólo en Occidente ha existido la música armónica racional (contrapunto, armonía), la composición musical armónicamente interpretada en forma racional y no según las distancias, la orquesta con su organización, el sistema de notación, las formas actuales (sonata, etc.) y la gran cantidad de instrumentos. En lo que toca a la arquitectura, la bóveda se usó en otras culturas pero no de manera racional, como se hizo a partir del gótico, como principio constructivo y como fundamento de un estilo. También los medios de representación como la pintura y el dibujo que cuentan con la perspectiva, racionalización que data del Renacimiento. Por

---

[15]En la introducción a los *Ensayos sobre sociología de la religión*, publicada por separada con el título *La ética protestante y el espíritu del capitalismo*.

otro lado, la institución universitaria, nacida en la Edad Media, pero el cultivo sistematizado y racional de las especialidades científicas y la formación académica de especialistas es algo propio de la civilización actual.

Otro elemento fundamental del Estado moderno y de la economía, resultado del creciente proceso de racionalización, es el funcionario especializado: nunca antes estuvimos condenado, como ahora, "a encasillar toda nuestra existencia, todos los supuestos básicos de orden político, técnico y económico de nuestras vidas, en los estrechos moldes de una organización de funcionarios". También es el caso de las asociaciones políticas; sólo en Occidente ha existido la organización de estas asociaciones, el "estado estamental"; sólo allí se ha creado un parlamento con representantes elegidos; es también la única civilización que ha creado un Estado como organización política, con constitución y un derecho racionalmente articulado, con administración de funcionarios especializados guiada por reglas racionales, las leyes.

El capitalismo ha tenido en Occidente una importancia, tipos, formas y direcciones que no han existido de esa manera en otro lugar; elemento central es la organización racional del trabajo, así como la organización racional de la empresa, que es posible por la separación de la economía doméstica de la empresa, por un lado, y por la existencia de una contabilidad racional, por otro. El capitalismo ha estado determinado por los avances de la técnica; su racionalidad está condicionada por la capacidad de cálculo de los factores decisivos y, por tanto, de las ciencias con base matemática. También está presente el desarrollo del derecho y de la administración. (*Ensayos sobre sociología de la religión*, t. I, pp. 11-24)

En resumen, el carácter racional de la cultura occidental, según Weber, está indicado por la ciencia moderna, que da forma matemática al saber teórico y lo somete a prueba por medio de experimentos controlados; por la creciente especialización del saber con la organización universitaria; por el auge de la literatura destinada al mercado y el cultivo del arte institucionalizado; por la música armónica; en pintura, por el uso de la perspectiva lineal y los principios constructivos de la arquitectura. Por la sistematización de la teoría del derecho y las instituciones de éste, así como del comercio regulado por el derecho privado que dispone de un sistema de contabilidad y de organización del trabajo, que usa el conocimiento científico para aumentar la eficiencia productiva y para su propia organización interna. Finalmente por la moderna administración estatal con su organización de funcionarios, y la ética económica capitalista que origina un modo racional de vida. Todos estos aspectos los podríamos sintetizar bajo un nombre: un mundo diseñado.

El proceso de racionalización se manifiesta en cuatro esferas que coinciden en el tiempo y que se refuerzan mutuamente: 1) la taylorización y organización del trabajo en la empresa capitalista y la concentración de empresas en grandes conglomerados; 2) el desarrollo de la legislación social, que produce un aumento en la burocracia administrativa encargada de la regulación estatal de los problemas sociales; 3) el desarrollo de la intervención del estado en la economía mediante la nacionalización de los sectores clave; 4) el desarrollo de los partidos de masas, con su burocratización interna como medio de asegurar su organización y éxito. Todo ello trae una ampliación de las estructuras burocráticas en la industria, pero sobre todo un cambio importante en la organización del trabajo dentro de la fábrica: el trabajo en cadena, la organización y división del trabajo, la medición de tiempos y movimientos.

Este proceso está también presente en el ámbito de la cultura: la racionalización de la cultura supone la separación y diferenciación de tres esferas de valor –ciencia y técnica, arte

49

y derecho-moral– cada una con su lógica interna. El desarrollo de la ciencia y la técnica implica la racionalización de las explicaciones generales del universo y el desencantamiento de las visiones de mundo.

El arte se constituye en una esfera propia y autónoma, y la ética sufre un doble proceso de diferenciación: separación del moral y del derecho frente a la religión, por un lado, y de la moral y del derecho entre sí por el otro. Esto da lugar al desarrollo del derecho formal y a éticas basadas en principios generales. Así, con este proceso se institucionaliza la acción racional tanto en la organización de la vida de los individuos, como la acción económica que posibilita el desarrollo de la empresa capitalista y la acción administrativa que hace posible la constitución del estado moderno. Y de aquí, el desarrollo de visiones racionales del mundo, la racionalización de las imágenes del universo o cosmovisiones.

El proceso de racionalización es concebido como un aumento de la disciplina, como un proceso de disciplinarización creciente; esto se aprecia tanto en la industria como en la administración como en el ejército, que son como tres gigantescas máquinas: máquina de guerra, máquina de trabajo en la industria, máquina administrativa. En ellas el individuo no es sino un engranaje más en ese ejército de soldados, de trabajadores acoplados las máquinas o en el ejército de empleados acoplados a las mesas en las oficinas de las empresas o de la administración pública.

En esa racionalización de la producción desempeñaron un papel fundamental el taylorismo y el fordismo. Se llama taylorismo al sistema de producción cuyo objetivo es maximizar el rendimiento industrial que tiene como antecedente algunas ideas de Adam Smith; éste había hablado de las ventajas para el incremento de la productividad obtenidas con la división del trabajo;[16] Taylor, a principios del siglo XX, retomó la idea y propuso un estudio detallado de los procesos industriales para dividirlos en operaciones simples que pudieran sincronizarse y organizarse con precisión; su puesta en práctica tuvo un gran impacto en la organización de la producción y de la tecnología industrial, sin embargo, aunque su intención era mejorar la eficacia industrial, por sí solo, el taylorismo no podía lograr la transformación para llegar a la producción masiva. La producción en masa requiere mercados de masas, hecho del cual Henry Ford fue uno de los primeros en darse cuenta. Se llama fordismo a la ampliación de los principios de organización científica de Taylor para llegar al sistema de producción masiva que está vinculado con los mercados de masas. Ford concibió su primera fábrica de coches en 1908, con el fin de fabricar un único producto, el Ford T; ello permitió el uso de herramienta y maquinaria especializada, ideadas para trabajar de forma rápida, precisa y simple. Una de sus innovaciones fue la construcción de una cadena de montaje móvil, que, según se dice, se inspiró en los mataderos de Chicago, en los que los animales eran desmontados pieza por pieza en una cadena móvil. Cada trabajador de la cadena de montaje de Ford tenía una tarea específica en el ensamble de los automóviles en proceso que pasaban por la cadena de montaje. En 1929, cuando se terminó la producción del modelo T, se habían fabricado unos quince millones de automóviles.

Vamos a tratar ahora la relación entre acción y racionalidad. En términos generales, se considera como racional toda

---

[16]Según Adam Smith, en una fábrica de alfileres, un solo trabajador podía hacer unos veinte alfileres al día, pero al dividir la tarea en operaciones simples, diez trabajadores con tareas especializadas podrían producir, colaborando unos con otros, 48 000 alfileres al día. Es decir, la tasa de producción por trabajador aumenta de 20 a 4 800 alfileres, de manera que cada uno de los obreros especializados puede producir 240 veces más que si trabajara solo. Cfr. Anthony Giddens, *Sociología*, pp. 399-400

aseveración que está fundamentada; lo mismo se dice de una actividad que llega a su término de una manera eficaz; en los dos casos, se dice que están respaldadas por la razón o que se basan en razones. Weber no aplica tanto el atributo de racional a los sujetos sino a las acciones. Una acción es racional cuando, de entre las diversas maneras posibles de actuar, el actor elige la que le parece más adecuada para lograr los fines que se propone; los medios para lograrla se seleccionan de acuerdo con lo exigido por los fines. También se da el caso en que el actor dispone de ciertos medios que pueden ser usados para diferentes propósitos, y selecciona el que considera de más valor (el más atractivo o deseable, o el vinculado con la mayor necesidad). En ambos casos se miden los medios por los fines y su correspondencia mutua, verdadera o supuesta, se considera el criterio último en la elección entre la decisión correcta y la errónea. La acción racional es voluntaria si el actor ha elegido libremente y no ha sido empujado por hábitos que no controla o por ciegas pasiones.

Habla de acción racional (distinta de la tradicional de los hábitos y costumbres, y de la afectiva) como aquella en la que el fin que se quiere alcanzar está claramente formulado y en la que los actores concentran sus pensamientos y sus esfuerzos en seleccionar los medios que parecen ser más eficaces y económicos. La organización (la burocracia, como también la llama Wcber) es la suprema adaptación a las exigencias de la acción racional; es, de hecho, el método más adecuado para perseguir fines. La racionalidad está orientada hacia fines;

> actúa racionalmente orientado hacia fines, quien orienta su acción por el fin, medios y consecuencias implicados en ella y para lo cual sopesa racionalmente los medios con los fines, los fines con las consecuencias implicadas y los diferentes fines posibles entre sí; en todo caso, pues, quien no actúa ni afectivamente (emoti-

vamente, en particular) ni con arreglo a la tradición. (*Economía y sociedad*, p. 21)

Lo que caracteriza las acciones es que están sometidas a reglas, a diferencia de los simples comportamientos, que no lo están. Es cierto que muchos comportamientos se repiten regularmente, lo que haría pensar que siguen una regla; sin embargo, esas regularidades sólo pueden ser observadas y descritas, ya que un comportamiento ocurre o no ocurre. Las acciones, por el contrario, requieren explicarse, tienen que ser entendidas, por lo cual es necesario saber cuáles son las reglas de las que son producto. Las reglas subyacentes a una acción se pueden aceptar o rechazar, pero una regularidad de comportamiento sólo se puede afirmar o negar. Es posible aceptar, impugnar o violar una regla, pero no violar la ocurrencia de un comportamiento o su repetición regular. Por tanto, percibir una acción supone la comprensión de una regla, y su interpretación se realiza con base en esa comprensión. Para que una regla exista debe ser reconocida como la misma por al menos dos sujetos, con igual significado para ambos:

> La identidad de una regla en la pluralidad de sus realizaciones no descansa en invariancias observables, sino en la intersubjetividad de su validez". [...] Una regla tiene que ser válida intersubjetivamente al menos para dos sujetos si un sujeto es capaz de seguirla —esto es, la misma regla". (J. Habermas, *The theory of communicative action*, v. II, p. 18)

Como existen diferentes tipos de reglas, habrá también diferentes clases de acciones. Max Weber, sin embargo, sólo habló de una de esas clases: las acciones orientadas hacia fines o acciones orientadas hacia el éxito. Como un grupo de estas acciones orientadas hacia fines, se encuentran aquellas acciones que usan las reglas que expresan un saber sobre las leyes de la naturaleza: un diseñador o un arquitecto conoce las reglas para trabajar con determinados materiales o procedimientos; éstas son reglas técnicas y la acción basada en ellas reglas se denomina acción instrumental, la cual se reduce a la manipulación de objetos orientada a la consecución de un fin. Ejemplos elementales de acciones instrumentales son hacer una mesa o usar un programa de cómputo; el carpintero o el usuario del programa posee un saber implícito de reglas técnicas que

> exigen intervenciones que en última instancia pueden reducirse a la manipulación de cuerpos en movimiento, orientada a la consecución de un fin [...] El saber implícito de las reglas [técnicas] puede expresarse de forma explícita como tecnología. Una tecnología se compone de imperativos condicionados, que prescriben cómo han de organizarse 'de forma racional con arreglo a fines' los medios para conseguir unos fines dados. (J. Habermas, Acciones, operaciones, movimientos corporales, pp. 235-6)

Por ello, en un primer momento es posible decir que la actividad del arquitecto y del diseñador está dentro de la esfera de las acciones instrumentales; diseñadores y arquitectos poseen un saber implícito de una serie de reglas técnicas, es decir, poseen una competencia de tipo técnico, aunque no sean conscientes de ella. Reglas técnicas en el campo de lo proyectual son, por ejemplo, las relativas a la representación, al dominio de una serie de habilidades como la perspectiva, el color, el conocimiento de materiales, así como el manejo de herramientas proporcionadas por el mundo tecnológico actual; todas ellas basadas en reglas o normas aprendidas. La aplicación de esas reglas exige una actitud objetivante ante el mundo, donde el sujeto adopta frente a los objetos una relación unilateral, exclusivamente orientada a conseguir el fin propuesto. Una acción orientada a fines es instrumental cuando,además de observar reglas técnicas, se evalúa su eficacia en la intervención de un estado físico. Aunque, como se verá enseguida, esa actividad no se reduce a la aplicación de reglas técnicas, es decir, no es sólo una acción instrumental, desde ahora puede afirmarse sin lugar a duda que los productos del arquitecto o del diseñador son resultado de una acción racional ya que ese producto tiene sentido, que es necesario interpretar y entender, tener conciencia de las reglas subyacentes.

El argumento acerca de la racionalidad de la acción desde la perspectiva de Weber es más elaborado y complejo que lo hemos considerado,[17] pero lo que aquí nos interesa ahora es hablar sobre la arquitectura y el diseño como una acción. Como ya se dijo, en primer lugar es una acción instrumental, que por tanto utiliza reglas técnicas; sin embargo, señalar que esta actividad es racional porque se basa en reglas técnicas no hace avanzar el conocimiento sobre la racionalidad. Lo importante para nuestros propósitos es postular la presencia de la racionalidad en el diseño tanto por ser una acción orientada a fines como por ser también una acción de otro tipo que debemos investigar. La meta sería pensar la posibilidad de que el diseño y la arquitectura se vean como acciones comunicativas, pero lo veremos más adelante. Veremos a continuación algunos tópicos en el diseño donde se discute ese carácter racional.

La arquitectura y las disciplinas del diseño están regidas por reglas que operan tanto en el proceso de producción (concepción y ejecución) como en el objeto resultante. El carácter racional se origina de ese conjunto de normas, organizado como un sistema coherente, a las cuales el producto se adapta. Así, edificios y objetos del entorno aparecen insertos en un

---

[17]En el siguiente capítulo vamos a explorar otro grupo de acciones que Weber propone, las acciones orientadas hacia un fin.

sistema de características cualitativas (como la imagen del usuario y las relaciones que éste mantiene con ellos) que nos remiten a modelos de consumo, a formas de vida.

Las bases de esta concepción racional del entorno fueron establecidas por la Bauhaus y consisten en "la extensión del sistema de valor de cambio al dominio de las formas y los objetos". (J. Baudrillard, *Crítica de la economía política del signo*, p. 226) Esta escuela se desarrolla paralelamente al pensamiento de Weber; de hecho, uno de sus creadores, Gropius, "adopta la racionalidad como un método que permite localizar y resolver los problemas" que plantea el ejercicio de lo proyectual. (G. C. Argan, *Walter Gropius y la Bauhaus*, p. 11) Según los principios de la época planteados por Weber, el salto entre el trabajo no calificado o artesanal al trabajo en la fábrica equivale a un aumento en racionalidad. Por ello Gropius tiene la convicción de que sólo se alcanzará la victoria definitiva de la racionalidad "cuando la industria haya agotado o absorbido la función del artesano"; entonces "cada trabajador participará de la racionalidad de la industria y todo trabajo será trabajo calificado". (p. 15)

En todos los antecedentes de la Bauhaus, como el movimiento Arts and Crafts de Morris y las escuelas alemanas Kunstgewerschule y Werkbund, se refleja la ansiedad de la época de afirmar el carácter social del arte, considerado no como una misión que el arte tenga que cumplir o un ideal que defender, sino como la naturaleza específica del hecho artístico que consiste en que el arte no es una revelación del mundo que se da al artista en la gracia de la inspiración, sino en la perfección de un hacer que tiene en el mundo su principio y su fin y que se cumple enteramente en la esfera de lo social; es decir, que la cuestión del proceso creador de la forma alcanza a toda la sociedad. Este tópico del arte como producción hace a Gropius destacar el contraste entre industria y artesanado y a plantear que el arte sirve para resolver ese contraste si se apropia de los medios de la industria y pasa de la fase artesanal a la industrial. No es que Gropius proponga acabar con la producción artesanal, sino que ésta debe progresar para llegar a ser industria. Dice en 1916:

> En todo el campo del comercio y la industria ha surgido una demanda de belleza y forma externa tanto como de perfección técnica y económica. Aparentemente, el mejoramiento material de los productos no basta por sí mismo [...] Una cosa técnicamente excelente en todos los aspectos debe estar impregnada con una idea intelectual —con forma. para asegurar la preferencia entre una gran cantidad de productos de la misma clase [...] El fabricante debe ver que se añadan a las cualidades nobles de los productos hechos a mano, las ventajas de la producción mecánica. Sólo entonces la idea original de la industria —sustituto del trabajo manual por medios mecánicos— encontrará su completa realización. ("Recommendations for the founding of an educational institution as an artistic counseling service for industry, the trades and the crafts", p. 23)

Esta primera época de la Bauhaus se caracteriza por proponer la enseñanza a partir de métodos y procesos artesanales, al mismo tiempo que por la búsqueda de un acento a la vez expresionista y popular de sus productos. En esta época surge el concepto de lo estándar que consiste, desde el ángulo económico, "en obtener un máximo de calidad con un costo mínimo", y, desde el social, "lograr, por medio de su difusión, nivelar las diferencias exteriores de usos y costumbres entre las diversas clases y, dejando intacta la diferencia de función, anular diferencias de nivel entre los componentes de la comunidad". (G. C. Argan, *Walter Gropius y la Bauhaus*, p. 44)

El objeto estándar es resultado de la reproducción en serie, característica de la sociedad industrial; lo estándar se convierte en garantía de autenticidad de la producción, al mismo tiempo que en remedio contra el peligro de la monotonía de reproducir industrialmente formas ideadas para la fabricación manual por la repetición de las mismas particularidades; si el objeto se imagina como generalización formal y se producen múltiples réplicas, entonces no hay ya uniformidad sino identidad, y cada réplica se considera un original. El producto estándar modifica la relación con el usuario pues

> ya no podrá ser contemplado o gozado por su carácter singular, por la habilidad del artista o del artesano, o por aquella parte de la historia humana que se relaciona con la historia de su formación. Sólo podrá ser usado con el racionalismo y la precisión funcional que él mismo, con su forma, impone. (Argan, p. 45)

La segunda época de la Bauhaus, la de Dessau (1925-1930), de Gropius y Meyer, es la que se califica como propiamente racionalista. En ella ocurre un cambio, determinado en cierta manera por el neoplasticismo y el constructivismo: "el factor estético se hace más adaptable a las nuevas exigencias de la sociedad industrial [...]: surge la estética racionalista de la producción industrial". (T. Maldonado, *Vanguardia y racionalidad*, p. 72) Dice Gropius en 1926 que lo que se busca por medio de la "investigación sistemática práctica y teórica en los campos formal, técnico y económico [es] derivar el diseño de un objeto de sus funciones y relaciones naturales". Sólo a través del contacto constante con las nuevas técnicas, los nuevos materiales y una manera nueva de unirlos, se puede establecer una nueva relación entre el diseño y la tradición y a desarrollar una nueva actitud hacia el diseño, y llevaría a una "simplicidad en la utilización múltiple y económica del espacio, material, tiempo y dinero. La creación de tipos estándar para las comodidades prácticas de uso cotidiano es una necesidad social". (W. Gropius, "Principles of Bauhaus production", p. 109) La primera de las disciplinas del entorno sobre la que actuó el discurso racionalista de Bauhaus fue la arquitectura; desde el manifiesto inaugural de 1919 se anunciaba a la arquitectura como la entidad que integraría arte y artesanado. La arquitectura, dice Argan, "no debe ser entendida como representación estática de un espacio cierto, seguro, sino como dimensión de las infinitas posibilidades de la vida", pues

> es construcción del espacio o el espacio en el acto de construirse; sin embargo, como la construcción resuelve todos los problemas de la realidad y de la existencia, es decir, las infinitas relaciones de los hombres entre sí y con las cosas, el espacio de la arquitectura es entonces la dimensión de la vida social en su complejidad y totalidad. (Argan, *Walter Gropius y la Bauhaus*, p. 41)

La arquitectura es expresión colectiva, nace de la vida, de la habitual relación de los hombres con las cosas entre las que viven; los objetos, los muebles están integrados a la arquitectura, pero con la condición de que no estén construidos de simple materia prima sin elaborar sino que tomen ya como punto de partida una forma (como el tubo metálico en los muebles de Breuer); o sea, en los cuales el proceso es una construcción formal. Así, la arquitectura abarca desde el objeto hasta la articulación estructural del edificio, y de éste al conjunto de otros edificios y su articulación, de acuerdo con las exigencias vitales y funcionales de la comunidad, hasta llegar a la forma de la ciudad y abarcar todos los aspectos del mundo organizado por la cultura. Por tanto, para Gropius, la arquitectura

> es el vértice al cual concurren todas las experiencias artísticas de Bauhaus; es construcción absoluta, forma de la intrínseca constructividad del espíritu [...], no

tiene fines prácticos porque el momento práctico no es más separable del momento teórico y la misma racionalidad no encuentra expresión fuera del acto; es, por el contrario, liberación de la práctica. (p. 58)

Esto no significa que las otras disciplinas del diseño se consideren como subproductos de la arquitectura, tal como opinan historiadores como H. Read, Pevsner, Gideon o Mumford, a los cuales critica justamente Maldonado (*Vanguardia y racionalidad*, p. 138) por no haber comprendido que disciplinas como el diseño industrial o el gráfico eran fenómenos nuevos. Pero también la arquitectura era un fenómeno nuevo, era otra cosa pues la Bauhaus introdujo una ruptura en la historia de esta disciplina; la arquitectura es otra después de Bauhaus. Lo que Gropius llama arquitectura, la práctica de configuración racional del entorno, nace a partir de esa ruptura.

Esto está en relación con la historia de las disciplinas del diseño: es cierto, siempre hubo arquitectos, que construían casa y edificios, que ejercían su función; pero la arquitectura no es la misma antes y después de Bauhaus. Es menos claro en otras áreas del diseño; Dorfles dice que el inicio del diseño industrial coincide con la producción en serie de objetos, aunque desde épocas muy anteriores a la revolución industrial "hubo algunos objetos realizados en serie y con parcial intervención de maquinarias primitivas, como el torno, el trépano, las ruedas de alfarero y las prensas a mano de los hornos de ladrillo". (*El diseño industrial y su estética*, p. 121)

De hecho, esto es válido para todos los campos del diseño. Para nuestros propósitos, la revolución industrial es la condición de posibilidad para todas las disciplinas del diseño, y éste se constituye de manera paulatina durante el siglo XIX para alcanzar su consagración con la Bauhaus, que plantea las bases para la concepción racional de todo el entorno. El diseño introduce un carácter racional en la producción que produce una racionalización en el consumo; por tanto, el diseño no sólo está inserto en la estructura de pensamiento de nuestras modernas sociedades, sino que, de hecho es uno de los elementos de la lógica de supervivencia del sistema. El diseño, tanto en su proceso de producción como en sus productos, propone normas, valores y modelos que están orientados hacia la búsqueda de una adecuación de los individuos y de la sociedad en su totalidad a las exigencias del sistema. Es, pues, una institución social y, como tal, genera discursos en los cuales las nociones centrales son, por un lado, productividad, rendimiento, eficacia, funcionalidad, y por el otro lo que funciona como coartada: lo útil, que lleva a la noción de hombre en abstracto. El énfasis en el hombre, que quiere restaurar el vinculo entre éste y el mundo, entre el hombre y el objeto, no suprime la división del trabajo que es una de las bases de esta separación. Por ello, el diseño se considera como mediador entre ambos. Pero lo que en realidad ocurre es que el diseño acentúa la separación en la medida en que se convierte en agente de enlace entre el hombre y la producción; por ello, el hombre de este discurso es el consumidor.

Las propuestas de la Bauhaus fueron, sin embargo, atacadas por los industriales de su tiempo pues eran muy avanzadas para la producción industrial en la búsqueda de eficacia en los procesos productivos; de hecho ellos pusieron las bases para hacer rentable no sólo espacios y tiempos de trabajo sino todo el entorno humano. Según Maldonado, la Bauhaus "se encontraba siempre a contracorriente porque se movía hacia el futuro", (*Vanguardia y racionalidad*, p. 155) lo cual es una verdad a medias. No se puede sostener la postura romántica de que la Bauhaus fue un movimiento de impugnación al sistema dominante; parece marginal con respecto al capitalismo de su tiempo, pero es una marginalidad ilusoria pues no cuestionaba el sistema de producción mercantil sino al contrario, pues estableció nuevas formas, más racionales, dentro de este sistema. La dificultad provenía de la contradicción, inherente a su época, entre dos posturas: desarrollo extensivo e intensivo. Bauhaus opta por la segunda, que exige mayor racionalización y organización de las relaciones sociales mayor, tanto en la producción como en el consumo.

La imagen de sociedad que el diseño propone es tal que consumo y producción aparecen como dos esferas autónomas; los valores humanos tienen como campo de participación únicamente la esfera del consumo, ya que el hombre abstracto se confunde con el hombre consumidor. Los objetos son los vehículos de los valores por lo que, el discurso del diseño, al articular tales valores en el universo de la mercancía y al considerar como objetivas las normas del sistema, propone el modelo de una sociedad homogénea, a imagen y semejanza del mercado. Las exigencias de la producción en serie tienden a imponer la racionalidad en el consumo y, por tanto, a la sociedad en su totalidad. En conclusión, con la Bauhaus se consolidan las disciplinas proyectuales, las productoras del entorno; a partir de allí sus productos no sólo están profundamente insertas en lo social, sino que también poseen un sentido; están determinadas histórica y culturalmente. Que los productos del diseño están ligadas al sentido quiere decir que las formas, líneas y volúmenes que pueblan el espacio social no están aislados sino articulados en estructuras significantes; poseen la propiedad, compartida con todo lo social, de producir significado. El entorno está cargado de sentido.

La noción de objeto, tal como la usamos hoy, aparece en nuestra cultura, después de la Bauhaus, cuando "comienza a plantearse, más allá del estatus de producto y de mercancía [...] el problema de la finalidad de sentido del objeto, de su estatus de mensaje y de signo (de su modo de significación y de intercambio-signo)". Esta mutación se esboza a lo largo del siglo XIX pero es la Bauhaus la que lo consagra teóricamente. (J. Baudrillard, *Crítica de la economía política del signo*, p. 224) A partir de entonces todo entra en la categoría de objeto y todo será producido como tal: como forma asociada a un sentido; se trata de una semantización total del entorno que convierte todo en algo susceptible de cálculo respecto a función y significación. Todo es semantizable, desde una cuchara hasta una ciudad. Por tanto, si la Bauhaus es la condición para concebir racionalmente todo el entorno, puede verse como paralela a la revolución industrial: ésta posibilitó dar un carácter sistemático y racional a la producción industrial, mientras que la Bauhaus posibilitó la extensión del campo del sentido al dominio de las formas y objetos. Si con la revolución industrial el trabajo se libera de sus determinaciones primitivas para convertirse en una fuerza productiva, susceptible de cálculo racional, con la Bauhaus todo el espacio social, el entorno, se hace significante, se libera de implicaciones míticas o religiosas para convertirse en objeto de cálculo racional de significación. (p. 226) No hay duda, pues, de que nuestro mundo, en el cual no hay ningún aspecto que no esté sometido a un cálculo racional de sentido, donde no existe ningún resquicio donde el diseño no haya penetrado, es el de la mayor racionalidad en la historia; decir, por tanto, que como el diseño es una actividad donde la "creatividad" está en su máxima expresión, no hay mucho espacio para lo racional, es, en el mejor de los casos, una afirmación sin sustento. Dejaremos para más adelante, hacia el final de este escrito, la consideración más detallada de los aspectos de la racionalidad en las sociedades contemporáneas que se relacionan con la responsabilidad hacia el otro, hacia las otras especies vivas, hacia el plantea mismo, sobre todo en las sociedades que han culminado nuestra modernidad, las sociedades de consumo.

Todos estos aspectos no podrían estudiarse solamente desde los puntos de vista de Weber, quien, a pesar de haber planteado la necesidad de combinar la observación externa del comportamiento humano con la comprensión del significado interno o subjetivo de la acción; es decir, a pesar de haber postulado al sentido como concepto central, habló de un solo tipo de acción, la acción orientada a fines (o acción orientada hacia el éxito). Según él, esa comprensión se obtiene por medio de la interpretación del comportamiento dentro de un contexto de propósitos, valores, necesidades y deseos. Plantea también que una acción es significativa (y por tanto inteligible) si se puede relacionar con un contexto adecuado de medios y fines; es decir, si puede entenderse desde una razón, de allí que no signifique si sólo se puede explicar como respuesta a un estímulo externo.

Como se observa, Weber introduce el concepto de significado como elemento básico en su teoría de la acción y por medio de él distingue las acciones de los meros comportamientos observables (un comportamiento es una acción en tanto que el actor le añada un significado subjetivo). Pero Weber está dentro de lo que más adelante nos referiremos como filosofías de la conciencia y todavía no ha dado el paso hacia una teoría del significado; de hecho,

> no explica el "significado" en conexión con el modelo del habla; no lo relaciona con el medio lingüístico para una posible comprensión sino con las creencias e intenciones de un sujeto actuante tomado en principio de manera aislada. En este primer punto Weber se separa de una teoría de la acción comunicativa. Lo que cuenta como fundamental no es la relación interpersonal entre al menos dos sujetos hablantes y actuantes —una relación que remite la comprensión a través del lenguaje— sino a la actividad orientada hacia un fin de un

sujeto actuante solitario. (J. Habermas, *The theory of communicative action*, v. I, p. 279)

Desde allí está imposibilitado de pensar la cuestión del sentido en relación con las ciencias del lenguaje sino sólo por referencia a intenciones y creencias de un sujeto aislado; no considera que el significado pueda ser producto de una relación interpersonal de al menos dos sujetos, sino como la actividad de un sujeto solitario orientada hacia un fin; en síntesis, asume que el individuo razona sólo desde su punto de vista, con lo cual los seres humanos se piensan como simples portadores presociales de necesidades y deseos; y no sólo como todavía no sociales, sino incluso como previos a su carácter de individuo; con ello evita que se puedan ver los significados como públicos y compartidos. Para ello hace falta tomar en consideración un cambio en la filosofía y las ciencias humanas que se conoce como el giro lingüístico. En el siguiente apartado haremos una breve reseña de este cambio y sus implicaciones en nuestro tema de estudio.

3. El giro lingüístico

La inserción de un capítulo sobre el giro lingüístico es una necesidad lógica de la exposición; este tercer capítulo, con bases más filosóficas y lingüísticas que los demás, está en apariencia muy alejado del campo de lo proyectual, pero, visto desde una perspectiva más analítica, en realidad no lo está tanto ya que su función es explorar, no tanto los conceptos lingüísticos o alguna corriente filosófica que cambie la posición del sujeto, sino la posibilidad de introducir de manera más precisa algunos elementos que nutren la investigación acerca del concepto de significado y, de allí, a la acción comunicativa; ello nos permitirá plantear de manera más convincente una definición del diseño como una acción. Sin embargo, su carácter teórico e histórico y la ausencia de referentes concretos acerca del diseño pueden no ser estimulantes para el lector; por ello se planteó como una unidad separada, que puede dejarse de lado en la lectura.

Como se observó al final del capítulo anterior, las tesis de Weber por sí solas no son suficientes para llegar a ver la importancia de la Bauhaus en la semantización del entorno ni para concluir que nuestro mundo actual es un mundo diseñado, sujeto a un cálculo racional de significación. Este cambio, que también hace posible una nueva concepción del conocimiento, como se verá, y una posibilidad de examinar la cuestión de la identidad desde otros ángulos, ocurrió a principios del siglo XX, aunque comenzó a gestarse en todos los ámbitos desde el siglo anterior, y allí tuvo un papel singular la nueva ciencia de la lengua. Varias corrientes filosóficas, desde Descartes hasta principios del siglo XX, han puesto la cuestión del sujeto en el centro de sus preocupaciones. De hecho, muchos estudiosos contemporáneos, al hablar de esas corrientes, las engloban con el nombre de "filosofías de la conciencia", las cuales tienen como uno de sus rasgos considerar como central la cuestión de cómo un sujeto aislado puede adquirir conocimiento de objetos y personas que están fuera de su mente. Esta pregunta ha estado presente en todas esas filosofías y se basa en el dualismo conceptual postulado por Descartes entre sujeto y objeto (mente y materia).

Se puede sintetizar la visión cartesiana en tres tesis: a) distinción entre cuerpo y mente (dualismo), lo que plantea una existencia lógicamente independiente de sus partes, cuerpo y mente; b) cada sujeto tiene un conocimiento inmediato e infalible sobre sus propios estados de conciencia por medio de la introspección; y c) los contenidos mentales del sujeto, en tanto que experiencia interna a la cual sólo el sujeto en cuestión tiene acceso, son el fundamento de conocimiento objetivo.[18] Según la primera, se afirma la existencia de dos sustancias, material y mental, cada una de ellas con características propias y excluyentes. Con ello se introduce un problema complejo: el del dualismo mente/cuerpo. Cada sujeto vive dos historias paralelas: una vida física, la del cuerpo, que transcurre en el espacio y en el tiempo; y otra mental, que ocurre sólo en el tiempo. El problema del dualismo plantea una dificultad mayor, que es dar cuenta de la conexión entre ambas existencias, que permita hablar de la mutua dependencia –si es que hay– entre ambas sustancias. La segunda tesis lleva a plantear que hay una especie de "mirada interna" de cada uno sus propios pensamientos o contenidos mentales; por tanto, esos contenidos de la mente son transparentes para cada uno, se pueden conocer directamente. Al mismo tiempo, ese ámbito privado de lo mental es inaccesible a cualquier otro sujeto. El modelo mental cartesiano es egocéntrico, lo que plantea el problema de las otras mentes. La dualidad mente/cuerpo, y la dificultad de establecer una relación entre ambos conduce

---

[18]El tema del dualismo cartesiano aparece en la sexta de las *Meditaciones metafísicas*.

a que el conocimiento de lo que ocurre en una persona distinta a mí resulta un misterio. Incluso en una sola persona, hay una desvinculación conceptual entre lo que ocurre en el cuerpo y lo que ocurre en la mente. Con respecto a la tercera tesis, el conocimiento de los contenidos mentales es el fundamento de un conocimiento objetivo y ello porque, como hay un acceso directo e inmediato a esos contenidos, siempre se conoce mejor la mente que el cuerpo.[19] Una consecuencia es la idea de que los términos para nombrar nuestra vida mental son incomunicables (ya que la base de la comunicación es que los conceptos en uso son inteligibles para los interlocutores); por tanto, allí se ubicaría el argumento del lenguaje privado, del que Wittgenstein hará una fuerte crítica.

Pensar de esa manera al sujeto, pensar así la relación sujeto–objeto con respecto al conocimiento, es erróneo, incluso peligroso, pues excluye formas de razón, acción y experiencia dialécticas o dialógicas. Ya Hegel había cuestionado el razonamiento cartesiano y de los que le siguieron porque refleja la actitud de un observador aislado. Según él, una visión coherente del conocimiento requiere otro método de razonar en el que sujeto y objeto, comprensión teórica y vida práctica, se muestren como parte de una totalidad concreta simple. El mismo Hegel adelanta la idea de la intersubjetividad comunicativa, que identifica el hablar como la expresión más original de la conciencia. El acto social de nombrar y clasificar cosas hace posible por la repetición la identificación conceptual de particulares antes de cualquier división entre sujeto y objeto: todo se percibe siempre como elemento de un tipo que lo engloba de acuerdo con reglas convencionales de clasificación.

---

[19]Dice Descartes: "...del hecho mismo de que yo sé que existo, y de que advierto de que ninguna otra cosa en absoluto atañe a mi naturaleza o a mi esencia, excepto el ser una cosa que piensa, concluyo con certeza que mi existencia radica únicamente en ser una cosa que piensa". (*Meditaciones metafísicas*, p. 46)

Hegel vio que la estructura fundamental de la vida social es el mutuo reconocimiento que involucra dos o más personas. Otras formas de reconocimiento mutuo (derechos individuales en el nivel de la sociedad civil y las leyes en el nivel del estado) expanden el alcance del reconocimiento mutuo hasta incluir relaciones universales.[20] Después, Husserl renovó esta crítica por otro método, el de la introspección de la experiencia, pues la actitud teórica del razonamiento analítico congela y objetiva el mundo en cosas estáticas con propiedades discretas y opuestas a la conciencia, con lo cual las abstrae de la experiencia del mundo como un fenómeno significativo de una conciencia unificada que fluye en el tiempo. Por varios caminos se llegó al resultado de que el conocimiento es producto de la socialización. Una persona se convierte en independiente y autónoma con una identidad estable sólo por reflejarse ella misma a través de los ojos del otro. La relación sujeto–objeto supuesta en la dialéctica de la ilustración se deriva de una relación más básica de intersubjetividad en la cual los interlocutores afirman su humanidad mutua. La individuación sólo es el reverso de la socialización; de allí que el concepto de persona sea presocial. Sólo en una red de reconocimiento recíproco puede una persona desarrollar y reproducir en cada caso su propia identidad. Incluso el núcleo más íntimo de la persona está internamente vinculado y enlazado con la amplia periferia de una densa y ramificada red de relaciones comunicativas. Aquí están en germen algunos elementos que llevarán hasta una visión dialógica, al planteamiento de la interacción, que es elementos fundamental en los argumentos de las secciones posteriores.

En la filosofía del siglo veinte se asiste a un cambio que deja a un lado la experiencia psicológica y se vuelve hacia

---

[20]Para la crítica de Hegel a las concepciones mentalistas, cfr. J. Habermas, *Verdad y justificación. Ensayos filosóficos*, pp. 101 y ss.

el lenguaje como el lugar adecuado para investigar el conocimiento. De esta manera, los problemas de lo que existe, de lo que puede ser conocido y de cómo se puede conocer, se ven como problemas del significado, de aquello a lo que nos referimos y cómo nos referimos a ello. Este cambio se acostumbra llamar giro lingüístico, que, en términos generales se manifiesta como un alejamiento de las filosofías de la conciencia, de las filosofías centradas en el sujeto,[21] en las cuales el problema es cómo un sujeto aislado puede adquirir el conocimiento de objetos y personas que están fuera de su mente. La filosofía de la conciencia no es una corriente o una escuela sino que así se denomina a un amplio espectro de enfoques que abarca varios ángulos, entre ellos la subjetividad cartesiana (un sujeto como el lugar de una mente), el dualismo metafísico (dos sustancias, pensante y extensa), la metafísica sujeto–objeto (el mundo como una totalidad de objetos frente a una pluralidad de sujetos; éstos no son parte del mundo en el que operan), el positivismo lógico (el conocimiento está en los datos sensoriales; más generalmente, en la búsqueda de certezas), y en considerar la filosofía como algo necesario para demostrar la validez de los modos científicos de búsqueda. Otra idea asociada a la filosofía de la conciencia es el atomismo social (los sujetos individuales son ontológica y lógicamente anteriores a la realidad social, a la realidad política y a la realidad ética. La comunidad es la suma de relaciones entre sujetos discretos, ya constituidos, presociales), y una más es la consideración de la sociedad como un macrosujeto (un todo unitario y orgánico, no una pluralidad agregada de individuos sino una persona colectiva). Estas corrientes sitúan el conocimiento en

---

[21]Según Andrew Edgar, "la filosofía de la conciencia es criticada por la falla de tomar en consideración la naturaleza fundamentalmente intersubjetiva de la vida humana, y el papel que desempeñan las habilidades humanas en la comunicación para crear y sustentar la vida social". *Habermas. The key concepts*, p. 26.

el centro de la filosofía y no toman en cuenta, al menos no directamente, la interacción social. Dice Edgar para concluir: "La filosofía de la conciencia puede resumirse en términos del lugar central que asigna al ser humano individual, más que a los procesos de interacción dentro de los cuales se comprometen los individuos". (p. 27)

Antes del giro lingüístico, los filósofos se remitían a las concepciones de Platón de que el lenguaje era un simple instrumento para significar cosas e ideas, las que se presumía que eran cognoscibles sin la intervención del lenguaje. Desde esa posición, no se consideraba que las lenguas naturales pudieran tener algún papel en la conformación de ideas y experiencias, que se pensaba que eran universales e inmutables; en el mejor de los casos, sólo eran capaces de representarlas o expresarlas. Los románticos, en especial Herder y Humboldt invirtieron esta prioridad al argumentar que las lenguas naturales constituyen y expresan las perspectivas mentales discretas de naciones enteras las que cada una entiende el mundo a su manera.

Charles Taylor habla, dentro del marco de la filosofía del lenguaje alemana, de la tradición de las "tres H": Hamann, Herder y Humboldt, tradición que tiene una concepción del lenguaje que se esboza en la obra de los dos primeros y que se desarrolla ampliamente por el tercero; esta tradición "se ve radicalizada en la hermenéutica filosófica de Heidegger y Gadamer –llegando dicha influencia a autores contemporáneos como Apel y Habermas". (Lafont y Peña, La tradición humboldtiana y el relativismo lingüístico, p. 2) La principal característica de todos estos autores es su postura crítica con respecto a la concepción del lenguaje como un mero instrumento para designar entidades extralingüísticas o para la comunicación de pensamientos igualmente prelingüísticos. "Sólo tras la superación de esa comprensión del lenguaje, es decir, tras reconocer que al lenguaje le corresponde un papel constitutivo en nuestra relación con el mundo, puede hablarse en sentido estricto de un cambio de paradigma de la filosofía de la conciencia a la filosofía del lenguaje". Sólo con la crítica a esa concepción tradicional como instrumento podrá ser considerado el lenguaje como instancia constitutiva del pensar y del conocer y, por tanto, "como condición de posibilidad tanto de la objetividad de la experiencia cuanto de la intersubjetividad de la comunicación".

Humboldt es considerado por Habermas, Apel y otros estudiosos en el ámbito alemán como el padre de tres grandes tradiciones de la filosofía posmentalista que configuraron el giro lingüístico: hermenéutica, semántica formal y pragmática. (*Verdad y justificación*, p. 65 y ss.) Cada tradición a su manera articula las tres funciones lingüísticas que Humboldt señala: expresión, cognición y comunicación. La tradición hermenéutica ejemplificada en los escritos de Dilthey, Heidegger y Gadamer enfatiza la función expresiva del lenguaje. Aquí se concibe éste como que proyecta un marco trascendental que todo lo abarca para interpretar la realidad. La tradición de la semántica formal que se ejemplifica en la filosofía analítica de Frege, Russell y el primer Wittgenstein enfatiza la función cognoscitiva o representacional del lenguaje, que se concibe como la totalidad de proposiciones cuyos elementos atómicos (nombres y predicados) derivan su significado descriptivo de hechos y acontecimientos observables. Por su parte, la tradición pragmática ejemplificada por Bühler, el último Wittgenstein y Austin enfatiza la función comunicativa del lenguaje, el cual se entiende como la totalidad de actos de habla por los cuales hablantes y oyentes coordinan sus acciones para llegar a la comprensión mutua.

Wittgenstein está presente en dos de estas tradiciones: si en el *Tractatus logico–philosophicus* dice que el lenguaje sirve para la representación del mundo, a esta visión le opone, en las *Investigaciones filosóficas*, su concepción de los juegos de lenguaje, que no discute ni define con precisión, sino sólo proporciona ejemplos a veces no muy claros. Este segundo libro, publicado en 1953, desempeñó un papel capital en la entrada del giro lingüístico en filosofía y contiene, al menos, tres nociones centrales que sería necesario desarrollar: la de juego de lenguaje, la noción de seguir una regla y la de forma de vida. Los juegos de lenguaje son algo así como modelos simplificados en los cuales se describe una situación comunicativa donde uno o más sujetos participan de una actividad o una práctica que se lleva a cabo típicamente a través del uso de la lengua. La noción de juego de lenguaje tiene que ver con el hecho de que en toda práctica lingüística, las relaciones internas entre las expresiones, las relaciones que se derivan de su "significado", son parasitarias de las relaciones internas en la actividad humana en las que esas expresiones son usadas.[22] Por tanto, un juego de lenguaje está constituido tanto por determinadas expresiones como por la actividad humana con las que esas expresiones se entrelazan. El sentido está determinado porque hay ciertas relaciones no empíricas entre nuestras oraciones y frases, pero para que esas relaciones sean posibles deben existir relaciones internas entre las acciones de los hombres. El único camino para elucidad el significado de las expresiones es captar las conexiones significativas en la acción.

Wittgenstein no da una definición de juego de lenguaje ni hace una relación de los existentes en un momento dado ya que, como él dice, continuamente surgen juegos nuevos y otros caen en el olvido cuando se hacen obsoletos; su intención al usar esa noción es poner en evidencia que "el hecho de hablar una lengua es parte de una actividad, o de una forma de vi-

---

[22]Wittgenstein entiende por relaciones internas aquellas que afectan a la identidad de los elementos relacionados.

da"; su presencia depende de las circunstancias humanas, de las actividades de las personas, precisamente de sus formas de vida. Con la expresión "juegos de lenguaje" se refiere a sectores de una práctica lingüística con algún tipo de peculiaridades gramaticales que son relativamente inteligibles por sí mismas. De la enumeración de los diversos tipos de juego que aparece en el parágrafo 23 del libro citado, resulta claro que estos no se pueden determinar mediante la indicación de algunos rasgos firmes, sino que entre los diferentes juegos de lenguaje sólo existe un "parecido de familia": "una complicada red de semejanzas que se solapan y entrecruzan". (*Philosophical investigations*, parágrafo 66) En esa lista de acciones considerados como juegos de lenguaje están las siguientes: dar órdenes y obedecerlas, describir la apariencia de objetos o dar sus medidas, construir un objeto a partir de una descripción o de un dibujo, reportar un acontecimiento, especular acerca de algo, formular y probar hipótesis, presentar los resultados de un experimento en tablas y diagramas, escribir una historia y leerla, actuar en una obra, adivinar acertijos, hacer chistes, contarlos, resolver un problema de aritmética, traducir de una lengua a otra, preguntar, agradecer, saludar, rezar.

Lo importante de estos ejemplos es que muestran que la función descriptiva del lenguaje (y aquí se habla de lenguaje verbal, pero en realidad esto es válido para lenguajes con cualquier tipo de base material, por ejemplo lo que podríamos pensar como el lenguaje del diseño) es sólo una entre otras, lo que significa que no existe ninguna posibilidad de orientarse en el paradigma de las ciencias descriptivas o explicativas. Los discursos prácticos[23] (morales, jurídicos) son juegos de lenguaje de un tipo propio. El más importante rasgo es que en los juegos de lenguaje no hay separación entre la palabra y

---

[23]Este concepto de discurso práctico junto con el de discurso teórico se abordará en la última sección.

la acción. Son actividades guiadas por reglas, aunque esto no significa que en ellos todo esté determinado. Las reglas son, además, de tipos muy diferentes. Así como entre los juegos de lenguaje, entre las reglas existen también sólo parecidos de familia. Las reglas que los constituyen van desde las reglas técnicas (por ejemplo, las de cocina) hasta las reglas sintácticas. Por tanto, el juego de lenguaje remite a la discusión del concepto de regla. Para que exista una regla es necesario que varias personas la sigan en diversos momentos.[24] Hay una gran diversidad de sus usos (de roles, utilizaciones, empleos, aplicaciones), pero nada hay en común que todos ellos tengan, que justifique aplicar una misma palabra a todos estos casos.

Un juego de lenguaje puede ser inteligible con relativa independencia del resto de la actividad lingüística. Hay prácticas lingüísticas en las que aparecen ciertas relaciones internas más o menos independientes de las que se aparecen en otras áreas; se trata de áreas con peculiaridades gramaticales que son relativamente inteligibles por sí mismas, con diferentes reglas gramaticales. Conocer la gramática es conocer las relaciones internas, y éstas sólo pueden ser captadas como relaciones entre las actuaciones de los individuos involucrados. Lo fundamental en la noción de juego de lenguaje es que, con su uso, se rechaza la pretensión de buscar alguna justificación externa a las reglas de éste, a su gramática. En lugar de buscar lo que los justifica, es más interesante plantear que lo que las constituye es el hecho de que usamos el lenguaje de cierta manera en nuestra vida cotidiana; con las relaciones que allí se establecen, se crean las relaciones internas entre sus expresiones. Éstas no pueden utilizarse para justificar o criticar

---

[24]No puede ser que una regla sea seguida una sola vez por una sola persona [...] Seguir una regla, comunicar algo, dar una orden, jugar una partida de ajedrez son costumbres (usos, instituciones)". Ibid., par. 199.

la actividad humana en la que se expresan, puesto que ellas mismas son el reflejo de esa actividad.

En todo uso de la lengua debe distinguirse entre el contenido proposicional (que sería común a la orden 'cierra la puerta' y la afirmación 'la puerta está cerrada') y la fuerza (que determina el tipo de acto de habla que se realiza: una orden, una pregunta, etc.) En algunas expresiones no puede captarse el sentido sin captar su fuerza; muchas expresiones no tendrían significado si no se usaran al hacer ciertas cosas; dicho en otras palabras, no es posible entender una lengua sin entender la pertinencia de ciertos actos de habla, sin comprender qué es enunciar o qué es ordenar. Esto significa que los hablantes de una lengua manifiestan su competencia no sólo en la manera de manifestar el contenido y la fuerza de sus actos de habla, sino que también saben la pertinencia de hacer ciertas observaciones en ciertos momentos, o de no afirmar lo que todos están dando por supuesto o de no preguntar por cosas bien sabidas. La noción de juego de lenguaje muestra que no se puede entender una crítica al primer tipo sin entender la del segundo, pues no se tendría el concepto de 'verdad' sin tener el de que lo obvio en un contexto de comunicación no debe decirse. El hecho de que lo que se dice es verdad sólo en determinadas circunstancias no es independiente del hecho de que no debe decirse lo que todos saben. No se puede captar el sentido sin captar la fuerza de algunos actos de habla pues las palabras no tendrían significado alguno si no fueran de hecho usadas al hacer ciertas cosas. Con la noción de juego de lenguaje se pone de manifiesto que el contenido de las expresiones no es independiente de la finalidad del uso del lenguaje en nuestra vida cotidiana. Lo que subyace a esta idea es que no es posible entender un lenguaje sin entender la pertinencia de ciertos actos de habla, sin la comprensión de qué es decir y qué es ordenar, por ejemplo. Y todo esto, que no por parecer lógico hay que dejar de decirlo, no sólo pertenece al campo de los enunciados lingüísticos, sino a todas las acciones, incluyendo las destinadas a producir objetos, imágenes, entornos.

Unido con el concepto de juego de lenguaje está el de forma de vida. Wittgenstein entiende por tal la praxis vital común, que está en la base de los diversos juegos de lenguaje, y que se caracteriza por determinadas reglas y convicciones fundamentales. Estas reglas y convicciones que definen una forma de vida forman un sistema, como quiera que éste se determine. Forman, como él llama una «representación del mundo», y las representaciones del mundo y las formas de vida no son ni correctas ni falsas. La apelación de Wittgenstein a las formas de vida es una consecuencia del hecho de que nuestra aceptación de ciertos juicios como verdaderos en ciertas circunstancias no es justificable. Es parte constitutiva de nuestra práctica lingüística de tal modo que, si cambiara se alteraría el significado de nuestras palabras. Y está más allá de lo correcto y lo incorrecto; la forma de vida determina los aspectos más profundos de nuestra gramática.

Para nuestros propósitos, bastan estas breves indicaciones que permiten sintetizar cuatro puntos en la posición de Wittgenstein: (a) El uso descriptivo y explicativo del lenguaje es sólo uno entre muchos posibles y, por tanto, no puede ser considerado como el uso autentico o esencial del lenguaje. No existe ningún motivo para reducir el lenguaje normativo al descriptivo, o para valorar aquél como menos importante o valioso que éste. (b) La lógica (en el sentido amplio de Wittgenstein) de los juegos de lenguaje sólo puede ser comprendida mediante la consideración del comportamiento no verbal y de otras circunstancias fácticas. (c) Los juegos de lenguaje son actividades guiadas por reglas. (d) Las representaciones del mundo y las formas de vida que sirven de base a los juegos de lenguaje no se pueden fundamentar y, por tanto, tampoco son criticables.

Para volver a las tres tradiciones de la filosofía posmentalista (hermenéutica, semántica formal y pragmática)[25] inauguradas por Humboldt, se debe especificar que cada una de ellas se traslapa con las otras pero ninguna ha generado un acercamiento sintético que dé cuenta adecuadamente de las tres funciones de la lengua. La primera, la hermenéutica filosófica, desecha el uso descriptivo y proposicional del lenguaje como derivativo, abstracto y artificial en comparación con nuestra comprensión expresiva implícita de la vida práctica. De aquí que reduzca la función cognoscitiva a la de apertura significativa del mundo. Este acto de hacer mundos asimila la experiencia de verdad y objetividad a las expresiones lingüísticas autocontenidas de un pueblo o una época particular. Así, desde este punto de vista, es difícil entender cómo se puede aprender por la modificación del lenguaje descriptivo para dar cuenta del mundo material.

La segunda, la semántica formal, se enfoca en la manera en la que el lenguaje describe el mundo; sin embargo, va en la dirección opuesta: al rechazar el idealismo holista de la hermenéutica filosófica, reduce al lenguaje a elementos atómicos que derivan su significado de las relaciones observadas entre objetos. De allí que desconozca el hecho, reconocido por hermenéutica, pragmática y estructuralismo lingüístico, de que el significado es holístico. Además, ignora o desecha como insignificante el uso no representacional del lenguaje, lo que la pragmática sí toma en cuenta. Wittgenstein notó que el significado lingüístico debe ser entendido en términos de comunicación hablada y que tal comunicación es intrínsecamente

---

[25]Y aquí tendría que insistir en que no es posible un acercamiento a la actividad proyectual, al diseño considerado como hecho social total, desprovisto de las herramientas proporcionadas por estas disciplinas.

normativa, está gobernada por reglas. Sin embargo, al concebir esta dimensión en términos del modelo de los juegos de lenguaje, cayó en el mismo idealismo lingüístico que la hermenéutica. Las normas que gobiernan el significado no tienen otra justificación que el hecho de que quienes las usan se ajustan a ellas como un asunto de socialización. De aquí que esta visión del significado lingüístico sucumba al relativismo así como al idealismo pues no reconoce bases objetivas, es decir, empíricas y racionales, para confirmar o falsear la verdad de las descripciones fácticas.

La concepción del significado antes de lo que se denomina giro lingüístico eran muy pobres; los enfoques semánticos se orientaban inicialmente hacia la correspondencia entre la lengua y el mundo, entre enunciados y estados de cosas. El primer paso para establecer una teoría formal del significado fue el planteamiento de una semántica de la verdad que sustituyera esa teoría de la correspondencia lengua–mundo; con ello la semántica se libera de la visión de que la función representativa se explica con el modelo de nombres que designan objetos. (J. Habermas, *The theory of communicative action*, I, p. 276) La idea nueva es que el significado de los enunciados y su comprensión no pueden separarse de la relación inherente al lenguaje respecto a la validez de verdad de esos enunciados, y la tesis es que el significado de una frase está determinado por sus condiciones de verdad; por tanto, que hablante y oyente entienden el significado de un enunciado cuando conocen las condiciones que establecen su verdad.[26] La conexión interna

_____

[26]Habermas ha tratado el problema de la verdad en varios momentos de su vida y ha tomado diferentes formas de acuerdo con el enfoque teórico que caracteriza su obra en ese momento; se pueden mencionar dos en particular: su consideración de la verdad con respecto a los intereses cognoscitivos de los años 60 y la que está presente en su teoría de la acción comunicativa. Su meta en Conocimiento e interés era impugnar la visión positivista de la ciencia y de la adquisición del conocimiento.

entre el significado de una expresión lingüística y su validez se considera desde la dimensión de la representación lingüística de estados de cosas. Sin embargo, una teoría semántica basada en la verdad sólo puede funcionar para una pequeña parte del conjunto total de enunciados, los proposicionales o descriptivos, pero no sirve para explicar frases tan comunes como "¿Cómo está usted?", ya que no tiene sentido preguntar si es verdadera o falsa.

Si para Wittgenstein, el significado de la expresión era principalmente una función de su uso, desde la teoría de los actos de habla, Austin y Searle fueron más allá y mostraron que la misma proposición puede ser usada para realizar actos diferentes (prometer, ordenar, pedir, prevenir, etc.), es decir, no tanto con el propósito de describir como de hacer. Los teóricos de los actos de habla han sido muy conscientes de la importancia de las convenciones normativas para explicar el éxito de los actos de habla; es decir, que hay reglas que garantizan el éxito. Pero ese tipo de convenciones no cuenta en las aseveraciones de que algo es verdadero. El reclamo de saber algo es un acto que puede ocurrir en cualquier contexto, pero el éxito de ese reclamo no depende de que se satisfaga una convención.

Como Wittgenstein, Austin se dirige contra lo que él llama «falacia descriptiva», es decir, la idea de que la única o, por

---

Para los positivistas, es verdadero lo que se justifica y lo que usa los mismos tipos de búsqueda que las ciencias naturales. Habermas intentó mostrar en ese texto que hay tres diferentes modos de justificar la verdad de las proposiciones: los que destacan los positivistas (que usan los métodos de las ciencias naturales), los de las ciencias humanas o, como él les llama, las hermenéutico–históricas, y los de la teoría crítica. Sin embargo, los aportes de Peirce y el pragmatismo lo llevan a dar más peso a los de las ciencias naturales, y esto está en la base de gran parte de su trabajo posterior. (Edgar, *Habermas. The key concepts*, pp.159–160) En las siguientes secciones veremos algo sobre la verdad en ese trabajo posterior.

lo menos, la tarea esencial del lenguaje consista en la descripción del mundo. Sin embargo, no comparte la tesis de aquél de la diversidad de los usos del lenguaje. Además, opina que para el análisis de determinados usos del lenguaje es necesario un marco conceptual mas preciso que le permita conseguir un grado mayor de determinación y concreción frente a la de los juegos de lenguaje. El acto ilocutivo es una acción convencional, producto de un acuerdo. Que los actos de habla sean convencionales significa que estos son posibles por las reglas que les sirven de base. Tanto el concepto de acto de habla como el de juego de lenguaje remiten al concepto de regla, pero Austin, en lugar de formular las reglas explícitamente, esboza una clasificación de las posibles fallas de los actos de habla, de cómo los actos de habla, en cuanto acciones, pueden tener éxito o fracasar. Un acto de habla fallido se da, por ejemplo, cuando alguien afirma algo que no cree, lo que muestra que, además de las lógicas y gramaticales, hay otras reglas de base del lenguaje en cuanto acción. Este enfoque puso de manifiesto la importancia de estas reglas, que son reglas pragmáticas. Que un acto de habla pueda fallar no sólo porque lo que se dice sea falso o incorrecto, sino también como acción, lleva a distinguir dos ámbitos de critica: la relativa al acto ilocutivo, de tener éxito o fracasar, y la relativa al significado locutivo, de verdad o falsedad. Austin defiende la idea que las proposiciones normativas también pueden ser juzgadas en la dimensión de la verdad de manera similar a las proposiciones descriptivas, lo que aparece en la ética del discurso. En síntesis, la teoría de los actos de habla aclara que hablar un lenguaje es una actividad guiada por reglas y plantea que el uso del lenguaje normativo no es tan diferente del uso del lenguaje descriptivo.

El enfoque exclusivo en la función representacional, de Frege a Dummett, no toma en cuenta que la lengua se usa para hacer cosas y las maneras en que lo hace;[27] no considera que la lengua se usa para comprometer a los destinatarios y solicitar su cooperación, es decir que las intenciones que expresan no sólo son subjetivas sino que también piden una respuesta de los otros. Hablar involucra acciones como apelar, ordenar, prometer; es un proceso simultáneo de llegar a la comprensión mutua y al acuerdo entre hablante y oyente acerca de esos actos sociales. De allí que se requiera una teoría pragmática, que se centre no sólo en lo que se dice sino también en lo que se hace; es el camino que se abre a partir de la visión que Bühler tiene de la lengua, (Cfr. *Teoría del lenguaje*) como una herramienta con la cual se comunica algo a alguien a propósito del mundo. Si expresión, cognición y comunicación son las tres funciones de la lengua según Humboldt, Bühler también postula tres funciones, que corresponden a la perspectiva de las tres personas gramaticales: la primera, a la función expresiva, que se refiere a las experiencias del hablante; la segunda, a la función apelativa, que hace requerimientos al destinatario; y la tercera a la función cognoscitiva, que representa estados de cosas.[28] Dice Habermas que las teorías analíticas del significado tienen interés para una teoría comunicativa porque no ponen el énfasis en las intenciones del hablante sino que se orientan hacia la estructura de las expresiones lingüísticas y permite considerar el problema de cómo las acciones de varios actores se eslabonan unas con otras por medio del mecanismo de obtener el entendimiento; esto es, cómo se entrelazan en espacios sociales y tiempos históricos. El enfoque de Bühler:

---

[27]Y no sólo la lengua sino todo sistema de expresión, como el que rige el campo de lo proyectual.

[28]Como cualquier instancia de lengua incluye necesariamente las tres "personas", hablante, oyente y mundo, una teoría de la lengua que se base sólo en la verdad, se enfoca sólo en la función cognoscitiva e ignora las otras dos; por tanto, no puede explicar cómo se usa la lengua en la variedad de maneras de comunicarse y de coordinar las acciones.

empieza con el modelo semiótico de un signo lingüístico usado por el hablante con el propósito de llegar a un entendimiento con un oyente acerca de objetos o estados de cosas. Distingue tres funciones del uso de los signos: la función cognoscitiva de representar un estado de cosas, la función expresiva de hacer conocidas las experiencias del hablante, y la función apelativa de dirigir peticiones al oyente. (Habermas, *The theory of communicative action*, I, p. 275)

Con este giro, la teoría semántica se libera de la visión de que la función representativa se explica con el modelo de nombres que designan objetos; ahora es evidente que el significado de los enunciados y la comprensión de los significados de los enunciados no se separa de la cuestión acerca de la validez de esos enunciados; es una relación inherente al lenguaje. Como ya se dijo, primero sobre la validez de verdad: el significado de una frase se entiende cuando se sabe bajo qué condiciones es verdadero, pero como veremos, la verdad no es el único tipo de validez. Esta semántica de la verdad desarrolla la tesis de que el significado de una frase está determinado por sus condiciones de verdad. Y aunque no sea la única validez, este hecho basta para dejar atrás la concepción objetivista de los procesos de llegar al entendimiento como flujo de información entre emisores y receptores, y se orienta ahora en la dirección del concepto pragmático–formal de interacción entre sujetos actuantes y hablantes, interacción que es mediada a través de actos de llegar a la comprensión.

De allí surge la idea de que la función pragmática de la lengua sea llevar a los interlocutores a una comprensión compartida y a establecer un consenso intersubjetivo, y que esa función tiene al menos igual importancia que la función cognoscitiva de decir qué es el mundo, para plantear la verdad de las proposiciones. Esta teoría formal del significado podría integrarse con la de Bühler sólo si pudiera proporcionar una base sistemática para las otras dos funciones, la apelativa y la expresiva del lenguaje. Pero para que esto ocurra debe radicalizarse el cambio introducido por Austin con la teoría de los actos de habla, que es una síntesis de teoría de la lengua y teoría de la acción, la cual rompe con el privilegio de la función representativa, lo cual tiene consecuencias en la elección de las presuposiciones ontológicas en la teoría del lenguaje.[29]

Este cambio es la teoría de los actos de habla, que es una síntesis de teoría de la lengua y teoría de la acción. Esta teoría distingue entre dos tipos de actos de lenguaje, locutivos e ilocutivos:[30] los primeros son los enunciados acerca de objetos y corresponden al uso de la lengua de un modo cognoscitivo para expresar (y aceptar) enunciados con un contenido proposicional; su referencia objetiva es a algo en el mundo exterior, que puede ser verdadera o falsa. Esta dimensión responde a la primera de las tres orientaciones hacia el mundo de la interacción comunicativa.[31] Los segundos, los actos ilocutivos,

---

[29] Ibid., p. 278. No se trata sólo de que otros usos de la lengua puedan tener las mismas prerrogativas concedidas al uso asertórico, sino que también se reconozcan relaciones con el mundo para esos otros usos así como reclamos de validez. "No se trata de poner el papel ilocutivo sobre el contenido proposicional como fuerza irracional, sino de concebirlo como un componente que especifica qué reclamo de validez hace un hablante con su expresión, cómo lo hace y para qué".

[30] Los términos originales son *locutionary*, *illocutionary* y *perlocutionary*, por lo cual una traducción más precisa sería locucionario, ilocucionario y perlocucionario.

[31] Los actos ilocutivos se relacionan con el uso interactivo de la lengua y con todo ese complejo de garantías, prevenciones, recomendaciones y promesas que son parte de los actos de habla, de la misma manera que las proposiciones lo son del uso cognoscitivo de la lengua. Este aspecto, lo que se hace al decir algo, no es lo mismo que lo que se hace a través de decir algo: lo primero depende de convenciones y lo segundo, de los efectos prácticos en una situación dada. A la producción de efectos mediante expresiones, Austin llama acto perlocutivo. (Cfr. J. L. Austin, *How to do things with words*.)

se relacionan con el uso interactivo de la lengua y con todo ese complejo de garantías, prevenciones, recomendaciones y promesas que son parte de los actos de habla, de la misma manera que las proposiciones lo son del uso cognoscitivo de la lengua. Este aspecto, lo que se hace al decir algo, no es lo mismo que lo que se hace a través de decir algo: lo primero depende de convenciones y lo segundo, de los efectos prácticos en una situación dada. A la producción de efectos mediante expresiones, Austin llama acto perlocutivo. De esta manera, los tres tipos de actos de habla en la argumentación de Austin serían: decir algo, hacer algo por medio del decir, y causar algo por medio de lo que se hace al decir algo. Demás está decir aquí que los objetos diseñados realizan estas tres acciones: pueden sólo decir algo, informar (como es el caso de muchos de los productos gráficos); pueden hacer algo al expresar (ordenar, suplicar, inducir, convencer, etc.); y pueden causar algo, hacer que los demás hagan algo (como comprar algo, votar por alguien, etc.)

Si la primera orientación hacia el mundo de la interacción comunicativa es hacia el mundo exterior, la segunda de esas orientaciones está dada en el uso interactivo de la lengua, donde el hablante establece relaciones interpersonales legítimas en el mundo compartido de la sociedad. Esto muestra que, en su forma normal, la referencia del acto al mundo contenida en el elemento proposicional no puede separarse de la referencia intersubjetiva contenida en el elemento ilocutivo; por tanto, al establecer una relación entre hablante y oyente, el acto de habla está en una relación objetiva con el mundo. La tercera orientación hacia el mundo se relaciona con el uso expresivo de la lengua: en este uso, cada hablante garantiza la sinceridad con que expresa sus sentimientos, necesidades o intenciones. El hablante se orienta hacia su mundo interior y hacia la autenticidad de lo que enuncia.

Según Habermas, Apel fue el primero que sintetizó los tres paradigmas. El rasgo distintivo del acercamiento de Habermas, que comparte con Apel, es la noción que el significado lingüístico está siempre enmarcado en términos de ciertas presuposiciones pragmáticas trascendentales universales. Se pueden estudiar las normas que gobiernan los lenguajes y prácticas lingüísticas de grupos particulares, o bien las normas que gobiernan cualquier lenguaje o cualquier práctica lingüística. La lingüística empírica y la hermenéutica asumen el primer camino, mientras que la pragmática de Habermas y Apel toman el segundo; de allí el carácter universal. Con respecto a ser trascendental, Kant designaba con este término las formas innatas de cognición que la mente impone sobre la entrada de los sentidos que hace posible la experiencia espacio-temporal de objetos; que explicar las condiciones necesarias para la posibilidad de la conciencia o de la experiencia. A diferencia de ésta, sólo quiere explicar algunas de las condiciones para la posibilidad de un tipo de comunicación lingüística: los actos de habla, o usos del lenguaje destinados a facilitar la comunicación. Por ello se dice que es trascendental pero sólo en un sentido débil. Esas condiciones no se refieren a la formación exitosa de actos de habla sino que corresponden al planteamiento de reclamos que son necesarios para cualquier comunicación entre hablantes que son racionalmente responsables unos de otros. La pragmática universal selecciona esos actos de habla que los hablantes insisten que representan verdaderamente el mundo, que con ellos actúan rectamente respecto a las normas sociales, y que se expresan sinceramente. El lenguaje puede ser racionalmente reconstruido porque el proceso de defensa de reclamos –convencer a los otros que una aserción es verdadera, una prescripción es correcta y una expresión es sincera– es en sí mismo un proceso racional, distinto de la mera manipulación retórica para hacer creer algo.

La noción de pragmática universal postulado por Habermas viene desde inicios de la década de los setenta y se refiere a la teoría de las habilidades y competencias que los seres humanos requieren para ser capaces de comunicarse. Según el autor, la reconstrucción de esas competencias también proporciona una explicación de cómo los individuos producen y mantienen el tejido de la vida cotidiana. En su obra tardía ya no utiliza esa noción sino que la sustituye con la pragmática formal, en la cual se basa todo su trabajo en teoría social, en ética y en filosofía política.

En oposición a la lingüística estructural, la pragmática se refiere no a la estructura formal del lenguaje como un sistema virtual gobernado por reglas sino a su uso variable (o actualización) en el habla. Lo que llama pragmática universal puede así entenderse como la ciencia de estas reglas universales que hacen posible el lenguaje hablado. Difiere de la lingüística estructural y de la semántica formal, aunque depende de ellas. Dicho simplemente, la habilidad para formar frases gramatical para propósitos de establecer hechos no garantiza la habilidad de usarlas en la interacción hablada. La pragmática universal es el núcleo de toda su filosofía –su teoría del conocimiento y su ética. Sin esta base, su sociología de la acción, sociedad, racionalidad y modernidad no serían nada.

La pragmática universal es un ejemplo de lo que Habermas llama una ciencia reconstructiva porque trata de reconstruir las reglas que los agentes competentes deben seguir para poder comunicarse con los demás, aunque el agente mismo no tenga qué ser consciente de las reglas que sigue. Chomsky fue aquí un modelo para la búsqueda pues se interesaba en las reglas que los agentes siguen para usar de manera competente el lenguaje, como por ejemplo al formular enunciados bien formados y con sentido. Chomsky no está interesado en las reglas gramaticales de una lengua particular sino en una gramática profunda, que es un conjunto de reglas que son comunes a todas las lenguas. Según Chomsky, se trata de un conjunto de reglas que todos los hablantes competentes tienen la habilidad para seguir de manera innata. Es precisamente esta competencia la que permite a los individuos aprender y usar cualquier lengua particular. Pero Habermas no asuma la noción chomskiana de competencia lingüística, sino la más amplia noción de competencia comunicativa, es decir, su interés no es tanto por las reglas de buena formación de frases, sino en frases que hacen aserciones acerca de como es el mundo; se interesa en lo que podemos llamar simplemente el hablar: en reconocer que la lengua se usa no sólo para ser vehículo de hechos y opiniones acerca del mundo, sino para establecer relaciones con los otros, por ejemplo hacer preguntas o dar órdenes. De allí que el interés de la pragmática universal sea la habilidad, no sólo de formular oraciones significativas, sino de comprometer a los demás en la interacción, sobre la base de una conciencia del medio ambiente físico y cultural en el que actúan de manera que se pueda comenzar la comunicación y para reparar sus dificultades.

Esta pragmática no es una ciencia empírica, que explica los comportamientos observados del hablar, pero tampoco se limita a analizar el significado de los conceptos. Comparte con la lingüística estructural el objetivo de explicar el *know how* o competencia implícita[32] que se debe poseer para generar frases gramaticales (o actos de habla), pero quiere mostrar cómo las competencias pueden ser reformuladas como reglas. Comparte con la hermenéutica la idea de que el *know how* se basa en la comprensión tácita y las expectativas normativas acerca de hablar, actuar, discutir y conocer, que son necesa-

---

[32]Volveremos a estas nociones de *know how* y de competencia en la siguiente sección.

rias y universales en tanto que no podemos sustituirlas por otros conjuntos de normas.

Vamos a concluir esta sección de una manera un poco menos abstracta con una breve discusión del concepto de acto de habla en relación con el universo de los objetos de diseño, y para ello vamos a apelar a un objeto omnipresente en nuestro entorno diseñado: la silla. En toda silla podemos fácilmente identificar ciertas propiedades tanto físicas como químicas; por ejemplo, está construido de ciertos materiales, tiene respaldo, asiento, patas, está (o no) recubierta con una capa de pintura, etc. Sin embargo, la silla pensada así, sin atributos, es una mera abstracción; lo que existe es la silla rústica, la moderna, la clásica, la elegante, etc. Pero una silla que consideramos como moderna, o como clásica, o como elegante, no la podemos caracterizar sólo por medio de esos elementos físicos o químicos pues con ellos no se define ese carácter de moderno o clásico; los rasgos físicos o químicos no dan cuenta de lo que realmente nos importa. Aquí aparece la pregunta pertinente desde el punto de vista del diseño: qué hace que un objeto determinado tenga las características que mencionamos, las cuales son significados asociados con el objeto. Si los atributos físicos y químicos no dan razón de los significados, es lícito preguntar por medio de qué mecanismos se asocian esos valores de elegancia, clasicismo o modernidad. Una respuesta primaria es que algo es moderno (o clásico o elegante, etc.) si así se considera; ésta es una condición necesaria pero no suficiente pues para que algo sea visto de esa manera tiene que haber algo más que una actitud, aunque las actitudes sean esencialmente constitutivas de este tipo de fenómenos. Lo fundamental es que también tiene que ser aceptado por los demás de la manera como lo estamos considerando: como una silla moderna o clásica.

En una primera aproximación, podemos concluir que para conocer y describir la silla no podemos quedarnos con el modelo de conocimiento que nos proporcionan las ciencias naturales según el cual el mundo consta de hechos brutos, de rasgos físicos y químicos, y, por tanto, el conocimiento es, en realidad, conocimiento de esos hechos brutos. De acuerdo con esta concepción, las bases del conocimiento serían simples observaciones empíricas que registran las experiencias sensoriales; y tal conocimiento sería aquel que se expresa en enunciados que traducen las observaciones. Pero para conocer los rasgos de nuestro mundo humano y social, que no consta sólo de hechos brutos sino de hechos con sentido, en este caso la silla en tanto que una silla moderna o elegante tenemos que apelar a otras formas de la comprensión. (J. R. Searle, *Mind, language and society*, p. 112 y ss.)

Para referirnos únicamente a los hechos de lengua, todo el tiempo comprobamos que nuestra vida cotidiana está llena de enunciados que aparentemente enuncian hechos pero que no constan de conceptos que sean parte de la forma de representación de las ciencias físicas y naturales; es el caso, por ejemplo, de los enunciados de la ética y de la estética que requieren de otro modelo de conocimiento. Pero, incluso sin hablar de los enunciados de la estética o la ética, que son siempre áreas controvertidas, existen muchas clases de hechos, que son obviamente hechos objetivos y no asuntos de opinión, sentimiento o emoción, que son difíciles, si no imposible, de asimilar a esta primera forma de representación; es el caso de los juegos, por ejemplo, pero también de los juicios, de las ceremonias y de todo lo relativo a nuestro mundo diseñado, de los que no pueden dar cuenta las formas clásicas de representación. En otras palabras, no existe un conjunto simple de enunciados sobre propiedades físicas o psicológicas al que puedan reducirse los enunciados sobre hechos como estos. Un juicio, una ceremonia de matrimonio, un partido de fútbol, una acción legislativa, una silla moderna, incluyen una variedad de aspectos físicos, estados y sensaciones brutas, pero la descripción de cualquiera de estos acontecimientos, realizada sólo en esos términos, no basta para especificarlo como ceremonia o juego o juicio o algo moderno. De allí la propuesta de Searle de denominar hechos institucionales a fenómenos como éstos;[33] son hechos del mundo, pero su existencia, a diferencia de la de los hechos brutos, presupone la existencia de ciertas instituciones humanas. Todo esto formado por lenguaje, propiedad, matrimonio, gobierno, fiestas, abogados, el mundo de lo proyectual, presidentes, universidades, etc., es lo que llamamos la realidad institucional.

Todos los objetos de la realidad institucional se acoplan con esta descripción en parte porque pensamos que lo hace, o lo aceptamos o lo reconocemos así. De esto se siguen importantes consecuencias; si en lugar de seguir con el ejemplo de la silla, tomamos otro más radical, el del dinero, es más evidente lo que queremos decir. Un billete de banco tiene también ciertas propiedades que podemos considerar como triviales: es un conjunto de fibras de celulosa con pigmentos; pero, además de estos rasgos físicos y químicos, se trata de algo que puedo intercambiar por bienes; la pregunta sigue siendo qué es lo que le da valor. Si tengo en mi poder un objeto de este tipo y tanto yo y los demás pensamos que es dinero, tengo un cierto poder que de otra manera no tendría. Y esto vale para todos los segmentos de eso que podemos llamar la realidad institucional: ser ciudadano, por ejemplo, tiene asociados ciertos poderes, incluyendo derechos y responsabilidades. Esto plantea cues-

---

[33]Los aspectos físicos y las sensaciones brutas cuentan solamente como parte de tales acontecimientos, "dadas otras determinadas condiciones y en contraste con un trasfondo de cierto género de instituciones". John R. Searle, *Actos de habla. Ensayo de filosofía del lenguaje*, p. 59.

tiones complejas, pues tendríamos que pensar en cómo puede existir una realidad objetiva sólo porque pensamos que existe; de manera más general, la pregunta es cuál es la ontología de lo institucional o, a fin de cuentas, de lo social. Cuando en mi casa recibo un visitante que sabe qué es lo moderno en el diseño y le muestro mi silla Barcelona, no podría esperar que me dijera ese objeto no corresponde a lo que todos llaman moderno. El primer problema es explicar cómo puede haber una realidad social epistémicamente objetiva que en parte está constituida por un conjunto de actitudes ontológicamente subjetivas.

Un segundo problema se relaciona con otra pregunta, derivada de la anterior: cómo funciona causalmente la realidad institucional. No es necesario insistir mucho en el hecho de que el dinero puede hacer cosas, que el dinero puede ser causa de algo. Si sólo es dinero porque todos piensan que es dinero, la gran interrogante es cómo puede actuar causalmente, cómo, en un mundo que consiste de elementos físicos y químicos, todos los días comprobamos la eficacia causal de la realidad institucional. Cotidianamente nos enfrentamos con el hecho asombroso de que la realidad instituida funciona de manera causal en nuestras vidas.

Un tercer problema relacionado con los otros dos es el del papel del lenguaje verbal en la realidad institucional; es relativamente sencillo comprobar que el lenguaje desempeña un papel estelar puesto que no se podría pensar que algo es dinero o propiedad o matrimonio, incluso que ese objeto es una silla moderna, si no existiera un lenguaje verbal. Esto nos lleva precisamente a un aspecto que ya hemos comenzado a discutir acerca del lenguaje verbal: los actos de habla. Los sonidos producidos por la cavidad bucal son fenómenos fisiológicos triviales, pero tienen rasgos notables pues por medio de ellos se puede formular una aseveración o una pregunta, una explicación, una orden, una exhortación, una promesa, y otras muchas cosas. Además, lo que puede ser dicho puede ser verdadero o falso, o aburrido o interesante, u original o estúpido o no pertinente. Y son notables porque a partir de esos ruidos obtenemos propiedades semánticas que incluyen no sólo fenómenos lingüísticos o retóricos sino incluso políticos, literarios y otros tipos de fenómenos culturales. Cada vez que alguien emite esos ruidos bucales en una situación normal se realiza un acto de habla.[34] Los actos de habla vienen en varios tipos tales como pregunta, orden, petición, explicación, predicción.

Toda comunicación lingüística (de hecho, todo acto de comunicación sin importar el aspecto material de ésta: gestos, dibujos, edificios, todo el ámbito de lo proyectual) incluye actos. La unidad de comunicación no es la palabra o el enunciado sino más bien la producción o emisión del enunciado (del hecho comunicativo) al realizar el acto de habla. Es esta producción o emisión de enunciados, realizada bajo determinadas condiciones, la que constituye un acto de habla, y éste es la unidad básica o mínima de la comunicación lingüística.

De inmediato surge la pregunta de cómo conseguir que los sonidos emitidos formen un acto de habla; lo importante el hecho de que el lenguaje verbal se relaciona con la realidad a través del significado; de hecho, el significado es la propiedad que convierte meras expresiones en actos de habla. Un rasgo de lo humano es la capacidad de usar un objeto en lugar de otra cosa para representarla y expresarla; es la propiedad de simbolización del lenguaje que a su vez es el supuesto funda-

---

[34]En estas circunstancias, hablar una lengua, dice Searle, "consiste en realizar actos de habla, actos tales como hacer enunciados, dar órdenes, plantear preguntas, hacer promesas, etc.; más abstractamente, actos tales como referir y predicar. Esos actos son en general posibles gracias a, y se realizan de acuerdo con, ciertas reglas para el uso de los elementos lingüísticos". *Actos de habla*, pp. 25-6.

mental de los hechos institucionales. Que la lengua sea también un asunto de hechos institucionales hace pensar que es una institución humana entre otras, tal como decía Saussure, pero no es así sino que se trata de una institución especial por su papel en la constitución de los hechos institucionales. La lengua es la institución humana esencial en el sentido que otras instituciones, como el dinero, el gobierno, la propiedad privada, el matrimonio, etc., requieren de ella, o de formas de simbolismo similares.

En resumen, tenemos que ser cuidadosos al usar el término "realidad" para no confundirnos ya que, además de la realidad física, está esa otra realidad, la creada por las normas, que existe por el hecho de vivir en un entorno regulado, lleno de convenciones de otra, y que aquí estamos llamando realidad institucional. Vamos a cerrar aquí esta parte para dar algunos datos más de lo institucional, pero antes es necesario asumir la tarea de profundizar en los conceptos de regla y norma.

4. El concepto de regla y los tipos de acción

En este capítulo vamos a continuar en el punto en que termina el capítulo tres, que es la postulación de un tipo de realidad diferente de la de los hechos brutos: la institucional; en ella, la lengua no se usa simplemente para describir los hechos sino que es parcialmente constitutiva de esos hechos. En un billete de banco aparece escrita la cantidad que vale; un juez declara verbalmente que dos personas están casadas; un cierto grupo de personas piensa y dice que este modelo de silla es moderno. En todos estos casos, la expresión verbal no describe simplemente un hecho sino que lo crea al decirlo. Estas expresiones se relacionan con un tipo de acto de habla llamado performativo. Las expresiones performativas son comunes en los hechos institucionales.

Un uso de la lengua en la construcción de la realidad institucional es que podemos crear hechos por medio de enunciados; por ejemplo: el director de una empresa puede despedir a alguien sólo con hecho de decir 'estás despedido'; el presidente de un país puede declarar la guerra solamente con la acción de expresar 'se declara la guerra', etc. Si nos preguntamos cómo es esto posible, la respuesta está en que con estos actos de habla la lengua crea hechos institucionales. Es decir, la lengua desempeña un papel diferente en la realidad institucional que en la realidad física: mientras que en ésta se usa para su descripción, en aquélla, además de usarla para describir, la usamos para crear los hechos descritos; el aspecto de simbolización de la lengua es esencial para la constitución de la realidad institucional de una manera que no es esencial para la realidad bruta.

Para hablar de la realidad institucional se requiere introducir tres nociones teóricas: rasgos dependientes del observador, reglas constitutivas y asignación de función. Vamos a describir primero la noción de rasgos dependientes del observador. Lo primero que se nos ocurre cuando hablamos acerca del diseño es que se trata de un área que tiene que ver con los objetos; no obstante, tendemos a pensar que éstos están allí, de manera independiente de nosotros, que sólo tenemos con ellos una relación de uso, y que existen ya sea que se observen o no. Es cierto que las cosas del mundo poseen rasgos que existen con independencia del observador, pero pueden tener también otros que, para existir, dependen de nosotros. Para seguir con el ejemplo de la silla; se trata de un objeto que tiene ambos tipos de rasgos puesto que tiene una cierta masa y una cierta configuración molecular, y éstos existen si hay alguien que los observe o no, de una manera independiente del observador; pero también ha sido diseñada, manufacturada, vendida, comprada y usada como una silla, lo que hace que sea relativa al —o dependiente del— observador, donde por observador se puede entender el diseñador, el hacedor, el vendedor, el comprador, el usuario, etc. Rasgos como masa, fuerza, etc., son independientes del observador; otros, como los de ser aceptado como dinero, o considerar algo como un diseño moderno (o sea, los rasgos institucionales) dependen de quien observa. En general, las ciencias naturales tratan con los primeros y las sociales con los segundos.

El segundo rasgo se refiere al concepto de regla constitutiva, cuya descripción vamos a dejar para unas páginas más adelante, por lo que saltaremos al tercero. Este tercer rasgo que sirve para explicar los hechos institucionales descansa en la capacidad humana de asignación de función. Los seres humanos y de algunos animales superiores manifiestan el notable hecho de usar ciertos objetos como herramientas; se trata de un ejemplo de la capacidad más general de asignar funciones a los objetos, en los cuales esas funciones no son intrínsecas a los objetos sino que tienen que ser asignadas por algún agente exterior. Los agentes explotan los rasgos naturales del objeto para lograr sus propósitos.[35]

Las funciones son relativas al observador; sólo existen con respecto a éste o a los agentes que las asignan. Muchas veces descubrimos funciones en la naturaleza; por ejemplo, que la función del corazón es bombear sangre. Pero sólo es posible descubrirlo en el contexto de una finalidad, de una teleología: sólo se puede hablar de la función del corazón cuando se asume que la vida y la supervivencia se valoran, que ese hecho sirve para los propósitos de la vida.

La atribución funcional introduce la norma; de allí que se pueda hablar de corazones en buen o mal estado, de corazones enfermos, etc. La normatividad es una consecuencia de que la atribución funcional sitúa el hecho causal en una teleología. La atribución funcional presupone la noción de propósito, meta u objetivo, por lo que la atribución adscribe algo más que únicamente relaciones causales. Los propósitos, metas y

---

[35]Haría falta aquí introducir el concepto de intencionalidad para reforzar esta capacidad de asignación de función. Intencionalidad tiene una larga historia en la fenomenología y se remonta al menos a Brentano. Remitimos aquí a los libros de John Searle para su comprensión: *Mind, language and society. Philosophy in the real world*, e *Intencionalidad. Un ensayo en la filosofía de la mente*. En este último la define como la "propiedad de muchos estados y eventos mentales en virtud de la cual éstos se dirigen a, o son sobre o de, objetos y estados de cosas del mundo. Si, por ejemplo, tengo una creencia, debe ser una creencia de que tal y tal es el caso; si tengo un temor debe ser de algo o de que algo ocurrirá; si tengo un deseo, debe ser un deseo de hacer algo, o de que algo suceda o sea el caso; si tengo una intención, debe ser una intención de hacer algo". (p. 17)

objetivos existen sólo con respecto a los agentes; las funciones nunca son independientes del observador mientras que la causa sí lo es. Lo que la función añade a la causa es una normatividad. La atribución de función a las relaciones causales sitúa a éstas dentro de una teleología.

La función no puede ser realizada sólo por las características físicas del objeto sino que sólo puede realizarse en virtud de la aceptación o reconocimiento colectivo de que ese objeto tiene esa función. Por tanto, los agentes involucrados deben tener alguna manera de representarse a ellos mismos el hecho de que el objeto tiene el estatus de función ya que no hay manera de leerlo en sus rasgos físicos; es decir, la capacidad de realizar la función de 'silla' puede manifestarse en los rasgos físicos de ese objeto, pero la de ser moderna no. La única manera de obtener tal estatus de función es representar ese objeto como poseedor de ese estatus. En la medida que usamos la silla para representar el estatus de moderno, lo estamos usando simbólicamente.

Vamos ahora a profundizar en los conceptos que conducen hasta el concepto de acción comunicativa como uno de los tipos de acción, el más amplio y complejo, también el que subsume a todos los demás y al cual aspiraríamos que tendiera la actividad proyectual. Con la exploración del capítulo anterior estamos en condiciones de continuar la argumentación y de superar el *impasse* de Max Weber de no poder llegar a otros tipos de acción ya que, sin esta posibilidad, tendríamos que seguir considerando al diseño ya sea como acción instrumental, ya sea como acción orientada hacia fines, pero no como acción comunicativa.

Un objeto, una imagen, un fragmento del espacio diseñado podemos verlo, entonces, ya no tanto como un mensaje en el sentido que expresa determinados contenidos, sino como una acción, como un actos que, al no ser expresado verbal-

100

mente, no lo podemos denominar acto de habla, pero sí acto comunicativo, y éste puede adoptar las mismas modalidades: locutivo o ilocutivo. Como hemos visto antes en el caso de los actos de habla, el estudio de los actos ilocutivos no se limita a las reglas sintácticas y gramaticales de la lengua, sino también a la manera como la expresión verbal se usa para crear y mantener relaciones sociales. La mera competencia lingüística presupone que los sujetos tienen a su disposición un léxico adecuado y las habilidades gramaticales para producir frases bien formadas; pero esto no basta para construir diálogos, lo que se requiere es una teoría de la competencia comunicativa, una teoría que sea capaz de explicar el uso la lengua y de los demás sistemas de expresión de una manera en que se pueda diferenciar lo subjetivo, lo objetivo y lo intersubjetivo, que son las categorías que corresponden a las tres relaciones con el mundo o, más bien, a las relaciones con los tres mundos. Por tanto, si ni siquiera en los actos de habla, los verbales, es suficiente la teoría de la competencia lingüística sino que se requiere contar con la competencia comunicativa, con mayor razón una teoría de este tipo es una necesidad al hablar de los actos comunicativos en general, que también están en una triple relación con el mundo: con el objetivo, con el subjetivo y con el compartido, es decir, el mundo intersubjetivo.

Al menos desde 1976, Habermas (¿Qué significa pragmática universal?, p. 366) ya había propuesto estos tres aspectos del mundo al señalar que:

> Por naturaleza externa entiendo el fragmento objetivado de la realidad que el hablante (aunque sea de forma indirecta) puede percibir y tratar manipulativamente. Naturalmente, el sujeto puede adoptar una actitud objetivamente no sólo frente a la naturaleza inanimada, sino también frente a todos los objetos y estados de cosas que son, directa o indirectamente, accesibles a la experiencia sensible. Sociedad designa aquel fragmen-

to de realidad simbólicamente preestructurado que el sujeto puede entender en actitud no objetivante, es decir, como agente que actúa comunicativamente [...] a él pertenecen oraciones y acciones, instituciones, tradiciones, valores culturales, y objetivaciones en general dotadas de contenido semántico, a sí como los sujetos dotados de lenguaje y acción. [...] Por naturaleza interna entiendo todas las intenciones que puedo expresar en cada caso como vivencias mías.

En resumen, la concepción pragmática de Habermas distingue tres mundos: primero, el objetivo, que se entiende como el correlato de la totalidad de proposiciones verdaderas; sólo en este mundo objetivo persiste la significación de una totalidad de entidades; segundo, el mundo de las interacciones sociales o mundo social compartido; y, tercero, el mundo interno. Los tres forman un sistema de referencia que se presupone mutuamente en los procesos comunicativos.[36] Con este sistema se establece cómo es posible la comprensión pues los participantes en la comunicación, que tratan de llegar al entendimiento unos con otros acerca de algo, no asumen sólo una relación con el mundo objetivo, como dice el modelo comunicativo del empirismo,[37] sino que también se refieren a hechos en el mundo social y en el mundo subjetivo. Hablantes y oyentes, por tanto, operan con un sistema de tres mundos donde todos son igualmente primordiales. Volveremos a la cuestión de los tres mundos (y uno más).

El giro lingüístico que Habermas asume en los años setenta le permite "dar una respuesta convincente a la cuestión central de toda teoría de la sociedad, a saber, la de cómo es posible el orden social". (Lafont, *La razón como lenguaje*, p. 133) Al asumir el giro lingüístico y alejarse de la experiencia

---

[36] J. Habermas, *The theory of communicative action*, v. I, pp. 83 y ss.

[37] Es decir, no se refieren sólo a las cosas que pasan o podrían pasar o podrían haber pasado en el mundo objetivo.

102

psicológica, al acercarse hacia el lenguaje como el lugar adecuado para la investigación del conocimiento, Habermas deja atrás sus trabajos previos sobre los intereses constitutivos del conocimiento para desarrollar un acercamiento filosófico nuevo, el cual culmina precisamente con ese texto fundamental de principios de los años 80, la *Teoría de la acción comunicativa*, resultado de la consciente asunción del giro lingüístico en filosofía, cuyas raíces se remontan hasta el romanticismo alemán.

Aunque la lengua tiene más funciones que las descritas por Bühler (Jakobson menciona seis), Habermas se queda con las funciones primarias porque es con respecto a ellas que los hablantes hacen los reclamos que estructuran formalmente las interacciones que requieren justificación racional. Con el enfoque de la semántica formal como modelo, Habermas argumenta que los actos de habla expresivos y normativos también pretenden tener validez de la misma manera que los actos representativos; es decir, los actos normativos y los expresivos plantean y redimen reclamos de validez.[38]

Antes de seguir adelante,vamos a desarrollar en esta parte el concepto de regla y a revisar los tipos de acción con lo que Habermas completa la propuesta de Weber. Como se ha visto, Max Weber se refiere solamente a un tipo de acción, la acción orientada hacia fines y, como una clase de ésta, a la acción instrumental. Esta última es una acción orientada hacia el éxito que sigue reglas técnicas de acción y alcanza la eficiencia de una intervención en un complejo de circunstancias y acontecimientos. Por medio de la teoría de la acción comunicativa, Habermas va a "reparar la debilidad" de Weber ocasionada por el hecho de permanecer fija a la racionalidad orientada a fines como el único aspecto bajo el que la acción

---

[38]Este concepto de reclamo de validez será desarrollado en párrafos posteriores.

puede ser criticada. Para ello introduce otros tipos de acción, todos ellos basados también en reglas.

La actividad de cualquier sujeto, por ejemplo la de un sujeto que lee, o la de un obrero de la construcción que levanta una pared o del héroe de los cuentos populares que rescata a la princesa, es en todos los casos una acción ya que su resultado es algo que tiene sentido, por tanto, que es necesario interpretar o entender; para ello se requiere tener conciencia de las reglas subyacentes. Lo que caracteriza las acciones es que están sometidas a reglas, a diferencia de los simples comportamientos, como se estableció en un apartado anterior. Un comportamiento repetido regularmente podría hacer creer que sigue una regla; sin embargo, la regularidad sólo pueden ser observada, descrita de manera inductiva ya que un comportamiento ocurre o no ocurre. La acción, por el contrario, necesita explicación, tienen que entenderse, lo que lleva a buscar la regla de la cual es resultado. Las reglas que subyacen a una acción pueden aceptarse o discutirse, pero la existencia de regularidades de comportamiento sólo puede afirmarse o negarse. Una regla se puede seguir o violar, pero ello no es posible respecto de la repetición de un comportamiento. En resumen, percibir una acción presupone la comprensión de una regla, y su interpretación se realiza a la luz de una regla entendida. Y para poder hablar de la existencia de una regla es necesario que sea reconocida como la misma por al menos dos sujetos y que para ambos tenga una identidad de significado.

Vamos a retomar aquí la discusión que dejamos pendiente al inicio de este capítulo sobre uno de los rasgos de lo que llamamos allá "hechos institucionales", las reglas constitutivas. John Searle, filósofo del lenguaje y uno de los teóricos de los actos de habla, sostiene (*Actos de habla. Ensayo de filosofía del lenguaje*, pp. 41-42) que existen dos tipos de reglas. En primer lugar están las reglas que regulan formas de comportamiento que existen previamente, que regulan actividades independientes de las reglas mismas; estas reglas se denominan regulativas porque su carácter normativo se orienta hacia formas de conducta que existen previa e independientemente; por ejemplo, las reglas de etiqueta, que regulan relaciones interpersonales que existen de manera independiente de las reglas. El segundo tipo es el de las reglas constitutivas, las cuales no sólo regulan sino que hacen posible las formas de actividad que regulan; son constitutivas de esas formas de actividad. La mera posibilidad de jugar ajedrez, por ejemplo, depende de que existan las reglas; y esas reglas son de este segundo tipo porque actuar de acuerdo con ellas constituye la actividad que se regula. Estas reglas constitutivas crean o definen nuevas formas de conducta; de esta manera, las reglas del fútbol (de la misma manera que las del ajedrez) no regulan simplemente el hecho de jugar fútbol o ajedrez, sino que crean, por así decirlo, la posibilidad misma de jugarlos, pues la actividad de jugar está constituida por el hecho de actuar de acuerdo con las reglas apropiadas. Las reglas del primer tipo regulan una actividad preexistente, una actividad cuya existencia es lógicamente independiente de las reglas. Las reglas del segundo tipo, las constitutivas, conforman (y también regulan) una actividad cuya existencia es lógicamente dependiente de las reglas. Una actividad particularmente importante basada en reglas constitutivas es hablar una lengua; hablar es realizar actos de acuerdo con reglas constitutivas; como dice Searle, (*Mind, language and society*, p. 123) "La estructura semántica de una lengua es una realización convencional de conjuntos de reglas constitutivas subyacentes; los actos de habla son actos realizados característicamente de acuerdo con esos conjuntos de reglas constitutivas". Las reglas de la gramática y las reglas de los juegos son reglas constitutivas pues no sirven para regular un comportamiento que exista con independencia de ellas, sino que son ellas las que introducen una nueva categoría de formas de comportamientos. El fin con el que esas reglas generativas pueden ponerse en relación es un fin que no se constituye sino mediante esas reglas mismas.

Gilbert Ryle introdujo la distinción entre dos tipos de saber: *know how* y *know that*, que sería algo así como la distinción entre saber cómo y saber qué (o saber eso).(*The concept of mind*, p. 41) Se sabe cómo tocar un instrumento o cómo podar árboles, pero se sabe que el caballo es animal cuadrúpedo o que navaja se dice *knife* en inglés. La diferencia está en que saber cómo es saber las reglas que gobiernan esa actividad; sin embargo, esto no quiere decir que cuando se toca un instrumento o se sabe podar árboles, quien lo hace es capaz de hacer explícitas las reglas que orientan tales actividades. Es el mismo caso que hablar una lengua: se habla español cuando se dominan las reglas fonológicas, sintácticas, semánticas, etc., de esa lengua, pero no todos los hablantes son lingüistas; es decir, no todos pueden hacer explícitas esas reglas.

Saber cómo es saber las reglas. Pero saber tocar guitarra (o saber cómo podar tales árboles o cómo hablar una lengua) no presupone que quien la realiza tengan que hacer explícitas las reglas que gobiernan esas actividades. Es decir, se puede tener la competencia para jugar ajedrez, pero ello no requiere que se recite cómo mueve el caballo o como come un peón cada vez que se realice uno de estos movimientos; de hecho es posible aprender ajedrez sin haber oído o leído las reglas; por medio de la observación de los movimientos de los demás y de cuáles de sus movimientos son aceptados y cuáles rechazados, se puede adquirir la competencia de jugar correctamente, mientras que se puede ser incapaz de plantear las reglas en términos de lo que se define como correcto o incorrecto. Así aprendemos las reglas elementales de la lógica y de la gramática; aprendemos por la práctica, por el ejemplo, por la enseñanza, pero a menudo lo hacemos sin ninguna ayuda.

Que un sujeto que realiza una acción no sea capaz de hacer explícitas las reglas subyacentes a esta acción es la situación común: casi todos podemos producir o entender frases con sentido, casi todos los trabajadores de la construcción pueden pegar ladrillos y levantar una pared, casi todas las personas alfabetizadas pueden comprender lo que dice un periódico, etc., pero normalmente sin la conciencia de las reglas que gobiernan esas capacidades. Sin embargo, por el hecho mismo de entender lo que se lee o de levantar las paredes, se posee un saber implícito de las reglas, y por medio de ese saber es posible determinar si la frase leída está correctamente construida, si la pared está bien hecha; es decir, puede determinar si su producto está orientado por las reglas o si se desvía de ellas; incluso se puede determinar el grado de desviación de esas reglas. Ya Habermas había hablado de esto desde las conferencias de 1971 (Lecciones sobre una fundamentación de la sociología en términos de teoría del lenguaje (1970-1971), pp. 66-7) al decir:

> Un jugador que entiende las reglas, es decir, que sabe hacer jugadas, no tiene por qué ser capaz de describir también las reglas. Lo específico de una regla se expresa, más que en una descripción, en la competencia de aquel que la domina. Entender un juego significa que se entiende de algo, que uno 'puede' algo. Entender significa dominar una técnica. Y en este 'dominar' se expresa la espontaneidad con que uno puede aplicar por su cuenta una regla aprendida, y con ello también la creatividad de la generación de nuevos casos y de nuevos ejemplos que pueden considerarse cumplimiento de la regla.

El autor dedica al concepto de regla muchas páginas del segundo volumen de *Teoría de la acción comunicativa*; (*The*

107

theory of communicative action II, p. 16) para él, en ese concepto se combinan dos momentos característicos del uso de símbolos, la identidad de significado y la validez intersubjetiva. Dice allí:

> La generalidad que constituye el significado de una regla puede representarse en un número de acciones ejemplares. Las reglas establecen cómo alguien produce algo: objetos materiales, o formaciones simbólicas tales como números, figuras y palabras [...]. De esa manera se puede explicar el significado de una regla (constructiva) por medio de ejemplos. Esto no se hace enseñando a alguien cómo generalizar inductivamente a partir de un número finito de casos. Más bien, se comprende el significado de una regla cuando se comprenden las formaciones exhibidas como ejemplos de algo que puede ser vista en ella. En ciertas situaciones un solo ejemplo puede bastar para esto [...] Los objetos o acciones que sirven como ejemplos no son ejemplos de una regla y de sí mismos, pro así decir; sólo la aplicación de una regla nos hace ver lo universal en lo particular.

Por tanto, se entiende el significado de una acción simbólica particular, como una jugada de ajedrez o un enunciado verbal o un objeto diseñado, cuando se dominan las reglas que gobiernan el uso de las piezas del ajedrez o de los elementos de la lengua o del proceso de diseñar en su totalidad; es decir, se comprende una acción simbólica cuando se tiene competencia para seguir ciertas reglas. Y seguir una regla significa en cada caso particular la misma regla. La identidad de una regla en la pluralidad de sus realizaciones no está presente en ciertas constantes que se puedan observar, sino en el hecho de que sea válida intersubjetivamente. En otros términos, para que una persona pueda seguir una regla o, lo que es lo mismo, para que una persona pueda seguir la misma regla, ésta debe de regir por lo menos a dos personas.

De acuerdo con Wittgenstein, el concepto de regla está entretejido con el uso del calificativo "mismo". Un sujeto puede seguir una regla sólo cuando sigue la misma regla bajo condiciones cambiantes de aplicación, pues de otra manera no estaría siguiendo la misma regla. Es decir, el significado de "regla" presupone que lo que el sujeto toma como base para la orientación de su acción sigue siendo el mismo. Por ello, dice Habermas que, con el concepto de Wittgenstein de "seguir una regla", éste demuestra que la igualdad de significado se basa en la habilidad de que dos personas puedan seguir reglas válidas para ambos; las dos tienen que disponer de una competencia específica para el comportamiento que reglas rigen así como para juzgar ese comportamiento.

Cuando alguien sabe algo, cuando domina las reglas de esa actividad, sea hablar o jugar fútbol, se dice que es competente en esa actividad. Saber jugar ajedrez no consiste en poder repetir la regla cada vez que hace un movimiento; decimos que alguien sabe jugar si es capaz de hacer los movimientos requeridos: sabe cómo jugar si hace los movimientos permitidos y evita los prohibidos. Otro aspecto central de la competencia es que un jugador de ajedrez no usa las reglas para aplicar a jugadas que existan antes, sino que el uso de las reglas produce tales jugadas. Este jugador puede saber cómo mover una torre o un alfil pero no tiene por qué poder explicar su funcionamiento; de la misma manera, un hablante sabe usar las reglas gramaticales, pero puede no ser capaz de explicarlas o describirlas. Por ello, lo importante de una regla no es su descripción sino el hecho de que se sabe usar, de que se tiene una competencia de ella. En este hecho de saber usarla se expresa la posibilidad de aplicar una regla aprendida para producir resultados nuevos. Lo específico de una regla se expresa, más que en una descripción, en la competencia de aquel que la domina. Entender un juego significa que se entiende de algo, que se puede algo. Entender significa dominar una técnica. Y en este dominar se expresa el hecho de que se puede aplicar una regla aprendida, y con ello también la creatividad de la generación de nuevos casos y de nuevos ejemplos que pueden considerarse cumplimiento de la regla. Saber una regla produce cada vez resultados nuevos: un jugador de ajedrez no usa las reglas para aplicar a jugadas que existan previamente sino que uso de las reglas produce esas jugadas. A esto es a lo que Chomsky se refería al hablar de la "creatividad" del lenguaje y tal vez podría ser un indicio de cómo hablar de esa misteriosa característica en el diseño.

Vamos a regresar a la línea del argumento sobre las acciones y dejaremos para más adelante la posición de Wittgenstein en las *Investigaciones filosóficas* con respecto al concepto de regla. Después de una revisión de los enfoques de varios autores, Habermas reduce los tipos de acción a cuatro. El primero es el de la acción teleológica, ya identificado desde Aristóteles, en la cual el actor alcanza un fin o hace que ocurra un estado deseado a través de la elección, en una situación dada, del medio que le parece más eficaz y de su aplicación adecuada.[39] Aquí, lo importante es la decisión entre alternativas para la obtención de un propósito, la cual se apoya en la interpretación de la situación. La acción teleológica se amplía con la acción estratégica "cuando puede entrar en el cálculo de éxito de un agente la anticipación de decisiones por parte de al menos un actor adicional también orientado a metas".[40] Los

---

[39] "El actor alcanza un fin o acarrea la ocurrencia de un estado deseado por la elección de medios que prometan ser exitosos en la situación dada y que se apliquen en una manera adecuada. El concepto central es el de una decisión entre líneas de acción alternativas, en vista de la realización de un fin, guiado por máximas, y sobre la base de una interpretación de la situación". J. Habermas, *The theory of communicative action* I, p. 85.

[40] Ibid. En un ensayo publicado previamente (1977), dice que el éxito, en la acción estratégica, no se mide por la manipulación (orientada a la

medios y fines se escogen desde el punto de vista de alcanzar un máximo de utilidad. Una variante de la acción teleológica es la acción estratégica.

Una acción estratégica es una acción orientada hacia un fin, o hacia el éxito, pero aquí el éxito o la eficacia no se mide por el manejo o la manipulación de algo en la naturaleza, sino que consiste en la capacidad de influir en las decisiones de otras personas. Ejemplos elementales de acciones estratégicas pertinentes en el ámbito del diseño son los anuncios publicitarios, la propaganda política, en fin, todos esos mensajes que utilizan procedimientos retóricos para exclusivamente mover y conmover; una gran cantidad de carteles que invaden nuestra vida cotidiana son precisamente acciones de esta clase. Las reglas que están en la base de las acciones estratégicas implican enunciados sobre relaciones entre valores, fines y medios, sobre la base de preferencias y máximas de decisión adoptadas.

Un segundo tipo de acciones es aquel que reúne las que obedecen a reglas sociales y cuyo contenido se encuentra objetivado en las diferentes expresiones simbólicas. Estas acciones reguladas normativamente, no tienen como referencia a un actor solitario que se encuentra con otros actores, "sino a miembros de un grupo social que orientan sus acciones por valores comunes. El actor particular sigue una norma (o la transgrede) en cuanto en una situación dada se dan las condiciones a las que la norma se aplica. Las normas expresan un acuerdo vigente en un grupo social". (Habermas, Obser-

---

consecución de un fin) de algo en el mundo, sino por el influjo indirecto que logramos ejercer sobre las decisiones de un oponente que nos hace la competencia. La aplicación de las reglas de este tipo de acción exige también una competencia, un saber empírico sobre las posibilidades de decisión de aquellos en los que se quiere influir, así como el espacio de opciones que ofrece la situación dada. (Aspectos de la racionalidad de la acción, en TAC (CYEP), pp. 384-5.

vaciones sobre el concepto acción comunicativa, p. 486) A esta
acción responde un orden social que se entiende como un conjunto de reglas o de instituciones vigente; de allí que puedan
denominarse simplemente reglas sociales, las cuales expresan
un acuerdo existente en el grupo social de que se trate. Dice
el autor:

> Todos los miembros de un grupo para los que tiene
> validez una norma dada pueden esperar unos de otros
> que en ciertas situaciones lleven a cabo (o se abstengan
> de hacerlo) las acciones ordenadas (o prohibidas). El
> concepto central de cumplimiento con una norma significa el cumplimiento de una expectativa generalizada
> de comportamiento. (*The theory of communicative action* I, p. 85)

Las reglas del primer tipo, las que gobiernan las acciones
orientadas hacia fines (instrumentales, teleológicas o estratégicas) pueden ser eficaces o no en la medida en que logren
los fines propuestas (es decir, en la medida en que con su
aplicación, en el caso de la acción instrumental, se obtenga
la mesa o la pared como producto, o la obtención del voto
o la compra de un producto o servicio, en el caso de acción
estratégica). Las reglas que gobiernan las acciones sociales,
en cambio, no se miden por la eficacia sino por la validez, y
esta validez se asegura por el reconocimiento intersubjetivo.
Un comportamiento que viola reglas técnicas o estratégicas
fracasa cuando no alcanza el fin inicialmente previsto, cuando no tiene éxito; la sanción está precisamente en ese fracaso:
la pared se cae, por ejemplo. Pero una acción que viola las
normas sociales provoca sanciones asociadas con esas mismas
normas, fracasa no por no conseguir la finalidad sino que el
fracaso es en la acción misma, que no llega a realizarse. Las
reglas instrumentales operan sobre objetos que pueden manipularse; las reglas estratégicas, sobre las decisiones de otras

personas; las reglas o normas de la acción social operan sobre interacciones. Tanto en un caso como en el otro, las reglas son aprendidas; no existe conocimiento innato de ellas; pero el aprendizaje de las reglas que subyacen las acciones orientadas hacia fines proporciona habilidades y destrezas, mientras que el aprendizaje o la interiorización de las normas sociales convierte al ser humano en un ser social.

Si los productos de la práctica proyectual producen significados, si los objetos son portadores de sentido, éste no se puede reducir a ejercer un influjo sobre otros o a reproducir un orden social, como es el caso de las acciones instrumental, estratégica y social, sino que habría que pensar que la actividad proyectual en general, como la arquitectura y el diseño, involucran otros tipos de acción. Existe un tipo de acción, un tercero, en la que, quien la ejecuta, se pone en escena ante los demás participantes al poner al descubierto el conjunto de sus propias emociones y sentimientos; es decir, pone su subjetividad al desnudo; es la llamada acción dramatúrgica que no se refiere a un actor, sea solitario o como miembro de un grupo social, "sino a participantes en una interacción que constituyen los unos para los otros un público ante el cual se ponen a sí mismos en escena".[41] Esta acción es importante cuando se analizan productos artísticos, en los cuales el productor se muestra él mismo, pone al descubierto sus más íntimos deseos, obsesiones, delirios, etc.; algo de esto aparece también en el caso de objetos o productos que resultan de la actividad proyectual.

---

[41]Esta acción, dice el autor, se refiere a los actores en cuanto que participan en la interacción como un público "ante el que se presentan a sí mismos. El actor evoca en su público una cierta imagen, una impresión de él mismo, por medio de la exposición de su subjetividad. Cada agente puede controlar el acceso de los demás al sistema de sus propias intenciones, pensamientos, actitudes, deseos, sentimientos, etc., a los que sólo él tiene acceso privilegiado. (Ibid.)

Hemos dicho que las acciones orientadas a fines operan sobre objetos del mundo sobre decisiones de otras personas que pueden ser manipulados; las acciones sociales lo hacen construyendo un sujeto social, mientras que las dramatúrgicas hacen que el sujeto se descubre ante los demás. En los tres casos se trata de acciones unilaterales en las que el flujo va en un solo sentido, como si fuera un monólogo. Sólo es posible hablar de diálogo, de acción en dos sentidos, en la acción comunicativa, que es el último tipo de acción y el que más me interesa presentar; en ella se presupone la interacción de por los menos dos sujetos, capaces de lenguaje y acción que, ya sea por medio verbales o no verbales, entablan una relación interpersonal. En ella, "las actividades de los actores no quedan coordinadas a través de cálculos egocéntricos de intereses, sino a través del entendimiento". (Habermas, Aspectos de la racionalidad de la acción, p. 385) Ni orientados hacia cálculos de intereses ni orientados hacia finalidades externas sino hacia la comprensión, al entendimiento; la relación que se establece es dialógica pues los actores tratan de entenderse acerca de una situación para coordinar sus acciones, y en ese proceso el concepto básico es el de interpretación, que se refiere principalmente a "la negociación de definiciones de la situación susceptible de consenso". (*The theory of communicative action* I, p. 86) Hay acción comunicativa cuando la interacción social no se coordina por una orientación hacia el éxito de un actor individual sino "mediante operaciones cooperativas de interpretación de los participantes"; los actores se orientan hacia "la producción de un acuerdo que es condición para que cada participante de la interacción pueda proseguir sus propios planes de acción". (Habermas, Réplica a objeciones, pp. 453-4)

Con la introducción de la acción comunicativa se manifiesta el medio significante (lingüístico o de cualquier otro tipo)

114

que indica la relación del actor con el mundo, aunque ello no quiere decir que el lenguaje no esté presente en las otras acciones. En la acción teleológica, el lenguaje verbal es un medio más por el cual los sujetos se orientan hacia el éxito de su empresa, esto es, a ejercer influencia sobre los otros; allí el lenguaje es usado como uno de los medios por los que el hablante orientado hacia su propio éxito puede influir sobre los otros para producir convicciones o intenciones del interés de aquél; en la acción normativa el lenguaje aparece como un medio para transmitir valores culturales o como portador de consenso que se ratifica en cada acto. En la acción dramatúrgica el lenguaje es un medio en el que ocurre la escenificación y que puede ser asimilado a formas estilísticas de expresión; en esta acción el lenguaje se usa como medio de exposición del hablante ante los demás. Por lo tanto, en estos tres tipos de acción hay un uso unilateral y monológico del lenguaje; y esto se manifiesta en el tipo de comunicación que se privilegia en cada uno de ellos: en el primero se entiende la comunicación sólo como entendimiento indirecto de aquellos que sólo pretenden la realización de sus propios fines; en el segundo se entiende como acción consensual de aquellos que se limitan a actualizar un acuerdo normativo ya existente; y en el tercero se entiende como escenificación que está destinada a espectadores. En cada caso sólo aparece una función del lenguaje: en el primero esta función es la provocación de efectos, en el segundo es el establecimiento de relaciones interpersonales, y en el tercero es la expresión de vivencias y emociones personales.

Por el contrario, en la acción comunicativa se asume el lenguaje como medio integral de comunicación pues solamente en ella están presentes todas las funciones: allí el lenguaje es un medio comunicativo por medio del cual hablantes y oyentes, a partir del contexto de su mundo de la vida previamente interpretado, se refieren simultáneamente a cosas en los mundos objetivo, social y subjetivo para llegar a un acuerdo sobre la situación que pueda ser compartido, para negociar definiciones comunes de la situación.[42]

En otras palabras, el lenguaje sólo es visto de manera unilateral en todos los tipos de acción a excepción de la comunicativa pues, en la estratégica, que tiene qué ver sólo con la realización de los fines propios, la comunicación es indirecta, mientras que en la segunda sólo se usa para actualizar un acuerdo normativo previamente existente, y en la tercera la exposición ante un público. Dicho de otra manera, para producir efectos perlocutivos (por ejemplo, hacer creer o simplemente hacer hacer), para establecer relaciones interpersonales y para expresar experiencias subjetivas. En la acción comunicativa se toman en consideración todas las funciones del lenguaje y por ello dice Habermas que este modelo de acción "define las tradiciones de las ciencias sociales en conexión con el interaccionismo simbólico de Mead, el concepto de juego de lenguaje de Wittgenstein, la teoría de los actos de habla de Austin y la hermenéutica de Gadamer". (*The theory of communicative action* I, p. 95)

Por medio de la acción comunicativa los participantes contraen relaciones con el mundo, pero no de manera directa, como es el caso en los otros tipos de acción, sino de manera reflexiva; allí se integran los tres conceptos de mundo, que en los otros tipos de acción aparecen aislados, y ese sistema integrado aparece como un marco de interpretación compartido dentro del cual se llega a la comprensión. Los participantes no se refieren directamente a los tres mundos, sino que cuen-

---

[42]En realidad, las manifestaciones comunicativas están insertas a un mismo tiempo en diversas relaciones con el mundo. La acción comunicativa se basa en un proceso cooperativo de interpretación en el que los participantes se refieren simultáneamente a algo en el mundo objetivo, en el mundo social y en el mundo subjetivo aun cuando en su manifestación sólo subrayen temáticamente uno de estos tres componentes.

tan con la posibilidad de que la validez de sus expresiones pueda ser puesta en tela de juicio por los demás. Decir que el entendimiento funciona como mecanismo coordinador de la acción quiere decir que los participantes se ponen de acuerdo sobre la validez que pretenden para sus manifestaciones; o sea, reconocen intersubjetivamente los reclamos de validez con que se presentan unos frente a otros. (trataremos con más profundidad esta noción de reclamo de validez en la siguiente sección).

Para hacer un rápido resumen de los tipos de acción y su posible relación con la actividad proyectual, podemos concluir que sin duda esta actividad es, antes que nada, una acción instrumental puesto que el profesional del diseño tiene una serie de competencias técnicas, varios tipos de saber hacer relativos al uso de herramientas de representación, de equipo y software específico, de los materiales, de los procesos, etc.; pero todos estos saberes son sólo una condición necesaria, no suficiente para ser un diseñador. Es indudable que posee también un conjunto de saberes estratégicos relativos a la eficacia en tanto que productor de ciertos destinados a hacer cosas a sus destinatarios. Tampoco se puede negar que es capaz de poseer una competencia de las normas sociales de su grupo, que sabe evaluar las circunstancias y el momento adecuado para proyectar los objetos o las imágenes (por tanto, que conoce a sus destinatarios y que es capaz de adecuar sus productos a un tipo de usuario particular). Finalmente, que es capaz de introducir ciertos elementos de su yo, de sus sentimientos o emociones en los objetos producidos. Es decir, que los productos de la actividad proyectual son o pueden ser al mismo tiempo acciones instrumentales, estratégicas, sociales y dramatúrgicas. Pero a aquello a lo que deberíamos aspirar es que fueran también acciones comunicativas, que promuevan el diálogo, que aspiren a tener validez en los tres mundo al mismo tiempo, que sean la base para la cooperación y el bienestar común. En el estado actual de la sociedad, esto parece una utopía. En un libro anterior, señalábamos algunos factores del diseño que son criticables en muchos aspectos, pero la conclusión era menos sombría; decíamos que, aun cuando aparezcan cargados negativamente, tenemos que optar por el diseño; como dice Maldonado: elegir el diseño sobre el no diseño; es decir, ni la esperanza sin el diseño ni el diseño sin la esperanza, sino la esperanza proyectual: "se trata de elegir entre un pesimismo destructivo y un pesimismo constructivo: nuestra opción personal recae sobre la segunda alternativa. Para nosotros existe una sola posibilidad: rechazar siempre y cada vez todo cuanto pueda amenazar la supervivencia humana, contribuir a desmontar las 'bombas de tiempo', es decir, oponer al incremento irresponsable el control responsable; a la congestión., la gestión. En suma, elegimos la proyectación".[43] Esa elección de Maldonado es porque piensa que el rechazo del diseño, el rechazo de toda acción proyectual, puede verse como un rechazo del tipo de diseño que actúa en nuestra sociedad como si fuera el único factible y deseable, pero también puede considerarse como una actitud de aprobación en cuanto que coincide con otra actitud usual: la de renuncia. El rechazo a la esperanza proyectual es una forma sutil de consentimiento. Y si se opta por el diseño, por la proyectación, es porque no puede hablarse de proyecto sin hablar de deseo puesto que "diseño es el modo por el cual tratamos de poner en acción la satisfacción de nuestros deseos".

Pero no podemos quedarnos sólo con los buenos deseos sino que debemos continuar en nuestra argumentación. Vamos a hacer una rápida revisión del concepto de regla según Wittgenstein. Su desarrollo de esta noción parte de compro-

---

[43]Tomás Maldonado, *Ambiente humano e ideología*, p. 59. El título original en italiano es precisamente *La esperanza proyectual.*

bar que está siempre presente en el problema de la determinación del sentido, y es una determinación constitutiva de la existencia misma del lenguaje el hecho de que las palabras no puedan utilizarse arbitrariamente puesto que existen relaciones internas entre el significado de un enunciado y el hecho de que en determinadas circunstancias se deba utilizarlo de cierta manera. Para referirse a esas relaciones internas, usa la noción de regla y de las conductas que éstas regulan; una conducta lingüística regulada es una conducta en la que existe la distinción entre lo correcto y lo incorrecto; en otras palabras, es aquella en la que no todo lo que se podría decir de hecho sería aceptado como correcto. Desde este punto de vista, no hay duda de que el lenguaje es un conjunto de conductas reguladas.

Una regla determina lo que se debe hacer porque al mismo tiempo determina lo que no se debe hacer. La cuestión aquí es explicar cómo una regla distingue las actuaciones que están de acuerdo con ella de aquellas que no lo están; es decir, encontrar la fuente de sus propiedades normativas. Wittgenstein niega que el pensamiento pueda explicar la relación que toda regla establece con sus aplicaciones correctas. Hay una conexión conceptual entre la noción de regla y la noción de hacer lo mismo: si no se sigue la regla, no se hace lo mismo, pero si quien realiza la actividad cree que ha seguido la regla, entonces cree que ha hecho lo mismo. Hacer lo mismo es algo relativo a una regla: sólo porque una regla existe puede plantearse qué es lo que debe contarse como hacer lo mismo respecto a esa regla.

No es por la enseñanza como se puede determinar lo que es correcto o lo incorrecto, ni lo que es hacer lo mismo o hacer algo diferente; Wittgenstein, como antimentalista, está en contra de la idea de que la normatividad de la regla puede estar garantizada por un proceso que vaya más allá de los procesos físicos implicados en la enseñanza y el aprendizaje, lo que quiere decir que ninguna explicación de una regla, ninguna explicación de su significado puede ser suficiente. Una regla es una entidad abstracta y, como tal, determina de modo objetivo lo que se sigue o no a partir de ella. Las aplicaciones que se hagan de esa regla serán correctas o incorrectas si están o no están de acuerdo con lo que se sigue de la regla misma. Al criticar la concepción de que una regla pueda determinar sus aplicaciones, Wittgenstein explica el hecho de que haya diferentes interpretaciones por la existencia de diferentes aplicaciones. La interpretación de una regla puede expresarse como una formulación adicional de la regla en cuestión, por lo cual hablar de diferentes interpretaciones es hablar de formulaciones adicionales de la regla que son percibidas como mutuamente incompatibles.

Por tanto, decir que la regla determina su aplicación significa que se usa para proceder de cierta manera, para obtener ciertos resultados y que esos resultados son normalmente percibidos como los correctos por la comunidad. En este sentido, que una fórmula determine ciertos resultados significa que funciona como fórmula. Pero la regla no determina sus aplicaciones con independencia de lo que hagan los individuos, porque la manera de decidir que existe tal regla es considerar lo que hacen. La cuestión de si una regla determina o no sus aplicaciones (es decir, las que son aplicaciones de la misma) es algo que no se puede decidir; cuando se aplica una regla y se considera que ciertas actuaciones están acordes con esa regla, pero no otras, la corrección de esas actuaciones se justifica comparando unas aplicaciones con otras. Lo que no se puede hacer es juzgar la corrección o incorrección de este proceso. Una regla, en tanto que entidad abstracta, determina de modo objetivo lo que de ella se sigue o no se sigue. Las aplicaciones que hacemos de ella son correctas o incorrectas porque están o no de acuerdo con lo que se sigue de la regla misma. Por tanto, el hecho de 'seguir una regla' es una noción normativa; lo que de hecho hacemos los seres humanos no puede determinar qué significa seguir correctamente cada regla.

Tener reglas y seguirlas sólo tiene sentido dentro de una comunidad. Para Wittgenstein, es claro que, para que exista el lenguaje, es necesario que haya coincidencia entre los miembros de la comunidad para aplicar determinadas reglas. Pero no sólo se requiere coincidencia en las definiciones, sino también en las aplicaciones del lenguaje; por ello no es posible la práctica lingüística más que siendo miembro de una comunidad de hablantes; más generalmente, no es posible seguir una regla más que siendo miembro de una comunidad que sigue reglas. Un individuo aislado no puede establecer la diferencia entre seguir correctamente una regla y hacerlo incorrectamente, o entre creer que se sigue una regla correctamente y que de hecho así sea; al no poder justificarse la práctica de aplicar una regla, el individuo estaría en una situación tal que su único criterio de actuación correcta sería que así le pareciera. De allí la necesidad de pertenecer a un grupo, pues son los otros los que introducen los criterios de corrección, y esto es independiente de lo que le parece correcto a cada uno de sus miembros considerados de manera aislada. Cuando alguien actúa conforme a una regla o pretende actuar así, sabe que no todo lo que haga está de acuerdo con ella. El contexto social proporciona los criterios para la corrección o incorrección de las actuaciones individuales con la introducción del asentimiento de los demás como una tercera entidad que rompe las relaciones internas entre una regla y sus aplicaciones.

Toda práctica regulada presupone la existencia de instancias de corrección de la aplicación de reglas; de hecho, no puede existir una regla si no se aceptan ciertas aplicaciones como

121

aplicaciones correctas de ella: "No sólo se necesitan reglas, sino también ejemplos para establecer una práctica. Nuestras reglas dejan resquicios abiertos, y la práctica tiene que hablar por sí misma".[44] Se puede enseñar a los demás que las reglas se denominan 'reglas' pero no se les puede explicar el concepto de regla. Si alguien sigue reglas, ya tiene el concepto; si no sigue ninguna, la explicación es inútil.

Sólo se pueden descubrir semejanzas en la experiencia a través de la aplicación de una regla, pues manera en que se aplican las reglas no está justificada por las propiedades de la experiencia. Por ejemplo, no es cierta similitud entre los diversos objetos a los que aplicamos la palabra 'estrella' lo que justifica su aplicación del mismo predicado. La similitud entre los objetos que vemos en el cielo no puede describirse más que diciendo que todos son estrellas; por tanto, que es correcta esa expresión con respecto a todos ellos. Es decir, que no hay relaciones de semejanza dadas a la experiencia que puedan fundamentar la estructura de nuestros conceptos; sólo estos conceptos generan relaciones de semejanza.

Podemos ahora regresar a nuestra línea argumental. Como se ha dicho en páginas anteriores, Habermas distingue tres mundos: el mundo objetivo, entendido como el correlato de la totalidad de proposiciones verdaderas, donde persiste la significación de una totalidad de entidades; el mundo mundo social compartido de las interacciones sociales; y el mundo interno; todos ellos forman el sistema de referencia que se presupone mutuamente en los procesos comunicativos. Vamos ahora a precisar el tipo de relación que mantienen los diferentes tipos de acción con estos tres mundos (es decir, a lo que Habermas llama las presuposiciones ontológicas). En acción teleológica

---

[44]Ludwig Wittgenstein: "Not only rules, but also examples are needed for establishing a practice. Our rules leave loop-holes open, and the practice has to speak for itself", On Certainty, parágrafo 139, p. 21e.

el actor se relaciona con un mundo, el mundo objetivo, el de los estados de cosas; y lo mismo se puede decir para la acción estratégica, donde al menos dos sujetos, con sus propias metas, que tratan de alcanzarlas por el influjo sobre las decisiones de otro actor. De manera opuesta, la acción regulada normativamente supone relaciones entre un actor y dos mundos: el mundo objetivo y el mundo social al que el actor pertenece como sujeto portador de un rol. El mundo social consiste de un contexto normativo que establece que las interacciones pertenecen a la totalidad de las legítimas relaciones interpersonales y todos aquello que consideran las normas como válidas son parte del mismo mundo social. En la acción dramatúrgica, al dar el actor una visión de él mismo, tiene que dirigirse hacia su propio mundo subjetivo. Sólo la acción comunicativa establece una relación entre el actor y los tres mundos para llegar a la comprensión; allí, los participantes en la comunicación que están tratando de llegar al entendimiento unos con otros acerca de algo, no asumen sólo una relación con el mundo objetivo, sino también a hechos en los mundos social y subjetivo. Tanto hablantes como oyentes operan con un sistema de tres mundos donde los tres son igualmente importantes. Cuando un sujeto realiza un acto comunicativo, no se refiere exclusivamente a algo de su mundo objetivo, del mundo social, o del mundo subjetivo, sino que pretende un acuerdo con los otros de que este acto está validado en los tres campos: que es verdadero, que es correcto respecto al contexto normativo, y que la intención expresada coincide con lo que cree o piensa. Por tanto, las acciones comunicativas son interacciones sociales que no se orientan al éxito de cada actor considerado aisladamente, sino que están coordinadas mediante operaciones cooperativas de interpretación. Cuando se logra el entendimiento los participantes llegan a un acuerdo, el cual descansa en la convicción común, ya que el acuerdo no puede ser impuesto por una de las partes.

Además de los tres mundos, existe otro, el mundo de la vida, que es uno y el mismo para una comunidad de sujetos, condición necesaria para que lleguen a entenderse entre sí acerca de lo que ocurre en el mundo; con ello se aseguran al mismo tiempo de sus relaciones comunes, de un mundo de la vida compartido intersubjetivamente. El mundo de la vida incluye la totalidad de interpretaciones que los miembros de la comunidad asumen como conocimiento de fondo, que se aprehende como la comprensión implícita de nosotros mismos, de nuestra sociedad y de nuestro mundo se unen en un todo más o menos coherente.[45] Es la esfera de lo social, reserva de significados compartidos y de la comprensión, el horizonte social para los encuentros cotidianos con los otros, el telón de fondo sobre el que ocurre toda comunicación. Su contenido, sometido continuamente a revisión y cambio, proporciona el contexto para la acción y comprende un conjunto de supuestos y conocimientos compartidos, de razones sobre las cuales los agentes llegan a acuerdos. En tanto que permanece como trasfondo, sus efectos están ocultos pero ello no impide que cumpla su función. Es una fuerza de integración social al

---

[45]El mundo de la vida, el cotidiano que compartimos con los otros, es una noción de Husserl, que la usó para contrastar la actitud material, preteórica de las personas, y el mundo de la ciencia natural, teórico y objetivante. Con esa idea, Habermas piensa el mundo de la vida como el dominio informal de la vida social: familia, casa, cultura, vida política, organizaciones, medios masivos, etc. Los teóricos del diseño ocasionalmente se han referido a esta noción, aunque sin profundizarla. Por ejemplo, en el artículo "Ethics into design", de Mitcham, se habla de un mundo de la vida tecnológico; dice allí que "sin el proceso de diseño como un todo, ¿cómo se pueden ver los problemas inherentes al tecnomundo de la vida diseñado?" Sin embargo, si no hay en su trabajo algún indicio de comprensión del concepto "mundo de la vida", menos aún sobre ese "tecnomundo de la vida". (p. 180)

mismo tiempo que la plataforma de acuerdos y condición de posibilidad de toda reflexión crítica y de posible desacuerdo. Finalmente, es el medio de reproducción simbólica y cultural de la sociedad; es el vehículo de la tradición, aunque a través de la lente crítica de la comunicación y el desacuerdo.

La noción de mundo de la vida constituye el ámbito de las ciencias humanas pues allí están todos los objetos simbólicos que producimos al hablar o actuar, así como las concreciones de esos actos, como son los textos, las tradiciones, los documentos, las obras de arte, los objetos, las técnicas, etc., hasta las más elaborados productos, como son las estructuras sociales, las instituciones y las estructuras de la personalidad. El mundo de la vida configura el horizonte de los procesos en los que se alcanza la comprensión, donde los participantes concuerdan o discuten sobre algo en los tres mundos. El oyente asume que comparte con el hablante estas relaciones con el mundo y trata de entender por qué aquél, al creer que existen ciertos estados de cosas, que ciertas normas son válidas y que se pueden atribuir ciertas experiencias a un sujeto dado, que hace tales aseveraciones, que observa o no ciertas convenciones, y que expresa determinadas intenciones o sentimientos. Sólo en la medida en que el oyente conozca la razones que hacen que un enunciado aparezca como racional, podrá entender lo que el hablante quiso decir. En otras palabras, capta el significado de un enunciado sólo si ve por qué el hablante se siente capacitado para hacer una aseveración dada (como verdadera), a reconocer (como correctas) ciertas normas, y a expresar (como sinceras) unas experiencias dadas. (*The theory of communicative action* I, pp. 131-2)

De allí que se pueda hablar de la manera como las lenguas naturales, entendidas tanto como horizontes de significación posible y como trasfondo implícito contra el cual todo se destaca como elemento de la conciencia, se combinan con ac-

125

ciones para hacer posibles mundos significantes particulares. Con esta noción de mundo de la vida, Habermas quiere captar la manera en que nuestra comprensión implícita de nosotros mismos, de nuestra sociedad y de nuestro mundo se sostienen juntas en un todo más o menos coherente. Aunque esta dimensión ha sido acentuada por la hermenéutica, que trata de interpretar y hacer explícita esa comprensión implícita desde la perspectiva de un hablante de una lengua natural, el autor observa que el mundo de la vida también consiste de supuestos normativos y comprensiones tácitas que un usuario de una lengua y que habite cualquier mundo de la vida tiene que tener a su disposición.

Podemos ahora hacer un resumen provisional. Una teoría de los actos comunicativos no tiene por objeto explicar los actos en tanto que fenómenos; más bien su meta es hacer una adecuada exposición del sistema de reglas por medio del cual los sujetos competentes producen y entienden las manifestaciones simbólicas. Si reducimos el campo de esas manifestaciones al dominio de lo verbal, el objetivo de una teoría lingüística no es estudiar los enunciados sino las reglas que los producen, las reglas por las cuales los hablante y oyentes competentes producen y entienden las expresiones lingüísticas; de la misma manera, una teoría de la comunicación gráfica tiene como tarea dar cuenta de la competencia de los sujetos, es decir, de su capacidad de generar y de entender los actos comunicativos gráficamente construidos.

Se llama competencia lingüística a la capacidad de dominar el sistema particular de reglas de la lengua, de hacer explícito el *know how* del que disponen los hablantes competentes. La teoría de la lengua, igual que las demás que se incluyen en el amplio ámbito de la comunicación, es una ciencia reconstructiva ya que tiene por objeto la reconstrucción explícita de un conocimiento que se encuentra de manera implícita en los

126

sujetos hablantes. Estos sujetos saben cómo realizar, ejecutar y producir enunciados, y saben entenderlos, sin ser capaces de explicar los conceptos, reglas, criterios y esquemas en que se basan tales enunciados. La finalidad de la reconstrucción, es decir, de la teoría, es hacer explícito en términos categoriales las estructuras y elementos de ese *know how*. Las ciencias reconstructivas se distinguen de las demás ciencias en que su ámbito objetual pertenece a la realidad simbólicamente estructurada del mundo social; también se distinguen de las ciencias humanas pues, aunque todas las disciplinas que poseen una dimensión hermenéutica investigan este orden de la realidad, lo que distingue a las ciencias reconstructivas es que éstas buscan las estructuras profundas; es decir, no sólo intentan descubrir las relaciones de significación, lo que quieren decir sus manifestaciones, sino que su objetivo es poner de manifiesto el sistema de reglas subyacentes a la producción y comprensión de las configuraciones simbólicas. En otras palabras, su meta no es hacer una traducción de los que significan, ni una paráfrasis, sino más bien se trata de encontrar cómo llegan a decir lo que dicen, y eso se consigue con el conocimiento explícito de las reglas y estructuras cuyo dominio es la competencia de un sujeto. Su tarea es hacer explícita la competencia.

La teoría de la competencia lingüística es un caso particular de una teoría más amplia, la de la competencia comunicativa, cuya tarea fundamental es construir las condiciones generales del entendimiento. Con una teoría como ésta tendríamos un fundamento para la investigación en ciencias sociales ya que, si la reproducción de la sociedad se basa en la reproducción de sus miembros competentes, entonces con la teoría comunicativa tendríamos una comprensión de los procesos de socialización. Una teoría de la sociedad planteada en términos de competencia comunicativa entiende el proceso de la vida social como un proceso de generación mediado por actos comunicativos, entre los cuales están los de la comunicación gráfica o del diseño en general. La realidad social resultante de esta generación descansa en la facticidad de los reclamos de validez implicados en los productos simbólicos. Como se ha repetido ampliamente, cuando un sujeto realiza una acción comunicativa no se refiere exclusivamente a algo de su mundo objetivo, del mundo social, o de su mundo subjetivo, sino que pretende un acuerdo con los otros de que este acto está validado en los tres campos: que es verdadero, que es correcto respecto al contexto normativo, y que la intención expresada coincide con lo que cree o piensa. Por tanto, las acciones comunicativas son interacciones sociales que no se orientan al éxito de cada actor considerado aisladamente, sino que están coordinadas mediante operaciones cooperativas de interpretación. Cuando se logra el entendimiento los participantes llegan a un acuerdo, el cual descansa en la convicción común, ya que el acuerdo no puede ser impuesto por una de las partes. Poseer esta competencia comunicativa por parte del productor de objetos, imágenes y entornos (es decir, una competencia comunicativa orientada específicamente al dominio de su actividad), de la misma manera que los profesionales de todos los demás campos, sería aquello a lo que aspiraríamos en una sociedad justa.

5. Validez y responsabilidad

Para volver a revisar la pertinencia de toda esta argumentación de la acción comunicativa con respecto al campo del diseño, habría que tomar como punto de partida las diferentes reacciones ante los productos que resultan de la intervención de los diseñadores; en los diferentes momentos de nuestra vida cotidiana, cuando nos enfrentamos a cualquier objeto, imagen o a una porción del espacio construido, o dicho de una manera más general, cuando estamos ante cualquier objeto cultural, nuestra primera reacción es plantearnos varios tipos de preguntas, aun cuando sea de manera no explícita. Las más obvias, entre ellas, se relacionan con la inteligibilidad de esos productos, con sus significados; por ejemplo, preguntas del tipo: ¿de qué me habla?, ¿qué significa eso?, ¿qué me quiere decir su autor o su hacedor?, ¿cómo debo entenderlo? Para tratar de responderlas sólo podemos apelar a nuestro conocimiento del mundo, ya que las preguntas acerca de la inteligibilidad se relacionan básicamente con los contenidos del objeto o imagen en cuanto mensaje, cuestiones que en realidad no son tan complejas y que pueden responderse con su interpretación, que requiere sólo de informaciones y conocimientos sobre el mundo externo.

Sin embargo, toda lectura de un objeto o una imagen (en general, la lectura de todo objeto cultural) hace que nos preguntemos acerca de cosas diferentes, que no tienen que ver sólo con la comprensión de los contenidos, y que su análisis y discusión nos conduce a otros territorios; por ejemplo, pue-

129

den plantear cuestiones acerca de la verdad de los contenidos expresados, del tipo ¿es cierto lo que me dice?, ¿es verdad lo que afirma?; las respuestas a estas nuevas preguntas requieren apelar no sólo a informaciones de los hechos sino también a explicaciones acerca de ellos. Como se vio en secciones anteriores, existen algunas teorías sobre el significado, por ejemplo, la semántica formal, que postula que el significado de una frase está determinado por sus condiciones de verdad; por tanto, que hablante y oyente entienden el significado de un enunciado cuando conocen las condiciones que establecen su verdad. Sin embargo, esto no es más que parcialmente cierto, ya que si los objetos de la cultura plantearan sólo preguntas de ese tipo, tendríamos la casi certeza de que la semántica formal nos daría el camino para entender cómo se realiza la comprensión. Desafortunadamente no es así.

Otro grupo de interrogantes tiene que ver con un orden distinto de consideraciones, como es el caso de la autoridad de quien habla, de quien enuncia o expresa, con los papeles sociales, con las normas que indican quién puede y quien no está autorizado a decir o hacer algo. Preguntas de este orden son, por ejemplo: ¿por qué dices eso?, ¿desde qué lugar hablas?, ¿con qué derecho hablas de esto si tú nunca tomas partido? Las posibles respuestas a preguntas como éstas sólo pueden plantearse bajo la forma de justificaciones, pues con ellas lo que se cuestiona es la rectitud de quien enuncia.

Finalmente, surge otro tipo de preguntas cuando se pone en duda la sinceridad de quien habla o de quien enuncia; ejemplo de éstas serían: ¿no estará tratando de engañarme?, ¿no se estará engañando a sí mismo? Desde ahora podemos ver que, ante los objetos que nos ofrece nuestro mundo diseñado, surgen en la mente de quien los recibe o los usa ciertas interrogantes que se relacionan directamente con las aspiraciones o reclamos de validez que revisamos en la sección anterior y que enseguida vamos a ver con mayor detalle. La posibilidad de que surjan interrogantes de todas estas clases pone de manifiesto que, toda vez que se pone en cuestión algún asunto relacionado con la comunicación, con los objetos, con la cultura en general, aparece la necesidad de vincularlo con varias instancias, que llegan incluso a ciertas perspectivas éticas que se relacionan con la justeza o la rectitud. Vamos a tratar, aunque por razones de nuestra propia competencia de un modo no tan profundo como debería ser el caso, las implicaciones de la ética hacia el final de este escrito, sobre todo la perspectiva de la ética discursiva.

Todos los participantes en una interacción deben tratar de asegurar cuatro condiciones si quieren que su comunicación tenga éxito. Primero, todos deben ser capaces de compartir su comprensión del mundo; todos los participantes deben poder discutir los hechos del mundo físico y cultural. Después, precisamente porque al hacer un enunciado se inicia una relación social, todos necesitan concordar que quien lo hace tiene el derecho de decir lo que dice. Una cosa es que yo le diga a un amigo que hace un bonito día, incluso al cajero de una tienda mientras me da el cambio, pero otra cosa, que puede despertar sospechas, es que detenga a un desconocido en la calle y le diga la misma frase. Con esto se manifiesta el hecho de que la comunicación no trata sólo del uso de las palabras correctas o de los elementos apropiados, ni siquiera de decir o hacer algo que sea en sí mismo coherente y significativo, sino que también importa cuándo y dónde decirlo o hacerlo. Algunas veces ciertas expresiones o ciertos hechos significativos son inapropiadas o simplemente prohibidas por normas culturales no escritas. En tercer lugar, no todo enunciado, no todo producto cultural, está dicho o hecho necesariamente con sinceridad; algunas veces se dice o hace en broma, o con ironía, o simplemente se miente. Si esto no se reconoce por los involucrados en la comunicación, hablante y oyente en el caso de la comunicación verbal, mantenerla puede ser entonces altamente problemático. Finalmente, lo que se dice o lo que se hace debe tener sentido, debe ser significativo; los involucrados deben todos compartir el mismo lenguaje y tener un conocimiento suficiente de sus aspectos particulares para mantener la comunicación. En el caso de la expresión verbal, si digo algo que el otro no entiende, para sostener la comunicación necesito por lo menos ser capaz de hacer una paráfrasis para que lo entienda.

Habermas resume lo anterior en términos de lo que llama reclamos de validez (o aspiraciones de validez o, como aparece en casi todas las traducciones al español, pretensiones de validez). Cuando digo algo, estoy haciendo suposiciones más o menos implícitas acerca de la naturaleza del mundo que me rodea, de mi derecho a hablar, de mi estado subjetivo y de la coherencia de lo que estoy diciendo.[46] De manera similar, quien me oye asume, a menos de que haya evidencia de lo contrario, que son correctas mis suposiciones acerca del mundo, que tengo derecho a hablar, que soy sincero, y que lo que digo tiene sentido. Sin estos supuestos, no podrían continuar la comunicación y la interacción. No podría interactuar con alguien si asumo que es, por ejemplo, un mentiroso habitual, porque sería incapaz de dar sentido a lo que dice ya que no confío en él. Debemos entrar en la comunicación con una cierta ingenuidad y dar a las personas con las que nos comunicamos el beneficio de la duda hasta tener una buena razón para dudar. En suma, los reclamos de validez son verdad, rectitud, veracidad (o sinceridad) e inteligibilidad, y al

---

[46] Aunque se haga alusión solamente a términos relacionados con la comunicación verbal, todo lo que se diga debe pensarse también desde el punto de vista de cualquier clase de expresión, incluida allí la que se realiza a través de objetos, imágenes, espacios, entornos.

hablar prometo, al menos implícitamente que puedo justificar lo que digo y hago, si alguien me impugna en cualquiera de estos cuatro aspectos. Mi promesa de responder, razonable y convincentemente, a un desafío es precisamente lo que mantiene la comunicación y la interacción particular.

> [...] el hablante competente tiene la habilidad de desafiar y justificar (o redimir) cada uno de los cuatro reclamos de validez. Es ésta la habilidad general o formal que se debe tener para ser un agente social competente. Además, para ejercer esa habilidad debo ser capaz de recurrir a los supuestos culturales que son comunes entre yo y las personas con las interactúo (así que nos apoyamos mutuamente en el mundo de la vida). En el peor de los casos, debemos ser capaces de reconocer cuando no compartimos supuestos comunes, para poder empezar a compartirlas y ponerlas en armonía con los de los demás. Las rupturas en la comunicación ponen a la vista supuestos específicos que no se comparten. Puede haber muchas otras cosas en las que no haya acuerdo, y que podrían interrumpir interacciones futuras, pero en la práctica sólo nos preocupamos por aquella cosas que importan para esta particular interacción. (Andrew Edgar, *Habermas. The key concepts*, p. 166.)[47]

---

[47] Reconocer esos cuatro reclamos de validez significa "que cuando digo algo, estoy más o menos implícitamente haciendo una serie de supuestos: acerca de cómo es el mundo que me rodea; acerca de mi derecho a decir lo que estoy diciendo; que soy sincero en lo que digo; y que eso que digo es coherente y comprensible. Cualquier oyente puede, en principio, impugnar cualquiera de estos puntos. Así, si pido que me prestes la pluma, estoy asumiendo que tienes una pluma, y podrías responderme diciendo que no tienes, o que la dejaste en la biblioteca. Estoy asumiendo que es aceptable para mí pedirte algo prestado, y podrías replicar que nunca te devolví la última pluma que me prestaste por lo que no me prestarás otra". (A. Edgar, p. 167)

Para estudiar las acciones comunicativas, por tanto, no desde una perspectiva parcial sino de la manera más global posible, tendríamos que pensarlas con respecto a estas cuatro dimensiones consideradas: inteligibilidad, verdad, rectitud y veracidad, dimensiones que corresponden a los reclamos de validez de los actos o de las acciones comunicativas, reclamos que son construidos por los sujetos participantes aun cuando sea de una manera implícita, pero que pueden plantearse, discutirse o ponerse en cuestión explícitamente. Se satisfacen los cuatro reclamos de validez cuando lo que se dice es inteligible, cuando su contenido es verdadero, cuando quien lo dice está justificado para decirlo, y cuando quien lo dice, lo hace sinceramente, sin intenciones de engañar. Dicho de otra manera, existe comunicación orientada al entendimiento si los agentes que intervienen en ella reúnen las condiciones siguientes: a) hacen comprensible el sentido de la relación interpersonal como el sentido del contenido expresado; b) prestan reconocimiento a la verdad del enunciado del acto comunicativo; c) reconocen la rectitud de la norma como complemento de lo cual puede considerarse en cada caso el acto ejecutado; y d) no ponen en cuestión la veracidad de los sujetos implicados.[48] Pero estos reclamos se convierten en tema de discusión cuando el funcionamiento de la comunicación se perturba; entonces aparecen preguntas y respuestas, que son componentes nor-

---

[48]La veracidad es un caso especial entre los reclamos de validez en tanto que no puede justificarse por discusión racional, sino que se debe apelar a la observación previa y subsecuente del comportamiento del hablante; es decir, se observa en la discrepancia entre lo que dice y lo que hace. En trabajos posteriores, Habermas comienza a relacionar la veracidad con la expresión (la función expresiva de la lengua) y la compresión que tienen los individuos de ellos mismos, en especial el papel del arte en el proceso de crear y articular una visión de mundo. Así, hace surgir el tema "de la adecuación de una forma de arte particular que expresa la vida interior y el marco cultural del individuo". (Edgar, *Habermas. The key concepts*, p. 163)

males de todo acto comunicativo. (J. Habermas, Teorías de la verdad, p. 122) A medida que continúa su trabajo, Habermas pierde interés en plantear la dimensión del significado o de la inteligibilidad como reclamo de validez y da por hecho la existencia de un lenguaje compartido.

Éste es un punto importante puesto que, en las sociedades modernas, y sobre todo en ellas, aunque en el fondo en toda sociedad, a cualquier agente, en cualquier situación, se le puede solicitar que justifique su acción y, por el mero hecho de ser miembro de esa sociedad, tiene el compromiso de hacerlo. De esa manera las razones proporcionan las líneas invisibles a lo largo de las cuales se lleva a cabo la interacción y permiten alejar a los agentes del conflicto. Sus acciones se guían por el ejercicio de la lengua y por el reconocimiento mutuo de las razones; con ello se forman patrones relativamente estables de orden social que no son dependientes, como en sociedades de otras épocas, de amenazas de castigo ni de tradiciones religiosas o de valores morales.

Una visión sintética sobre los reclamos de validez está en las páginas iniciales de la *Teoría de la acción comunicativa*, donde se lee:

> Las aserciones bien fundadas y las acciones eficientes son ciertamente un signo de racionalidad; caracterizamos como sujetos racionales hablantes y actuantes a aquellos que, en la medida en que pueden, evitan errores con respecto a hechos y relaciones medios-fines. Pero hay obviamente otros tipos de expresiones para las que podemos tener buenas razones, aunque no estén unidas con reclamos de verdad o de éxito. En contextos de acción comunicativa, llamamos a alguien racional no sólo si es capaz de hacer una aserción y que, cuando es criticado, puede proporcionar bases que apunten a la evidencia apropiada, sino también si sigue una norma establecida y es capaz, cuando es criticado, de justificar su acción por la explicación de la situación dada

a la luz de expectativas legítimas. Incluso llamamos a alguien racional si hace saber un deseo o una intención, expresa un sentimiento o un estado de ánimo, comparte un secreto, confiesa un hecho, etc., y es entonces capaz de convencer a los críticos con respecto a la experiencia revelada, de extraer las consecuencias prácticas de ella y comportarse a partir de ella de modo consistente. (J. Habermas, *The theory of communicative action*, I, p. 15)

Esta postura, que se sintetiza con el nombre de teoría de la acción comunicativa, descansa en la idea de que el orden social a final de cuentas depende de la capacidad de los actores, los participantes de toda acción, de reconocer la validez intersubjetiva de los diferentes reclamos de los que depende la cooperación social. Al entender esta cooperación en relación con los reclamos de validez, Habermas destaca su carácter cognoscitivo y racional, que al reconocer la validez de tales reclamos se asume que se pueden dar razones convincentes para justificarlos frente a posibles críticas.

Independientemente del tipo de acción, todas se coordinan principalmente por el uso de la lengua; con ello, los agentes hacen compromisos para justificar sus acciones (o sus expresiones verbales) sobre la base de razones, y esos compromisos son los reclamos de validez, los cuales tienen una especie de estatus moral porque son aplicables a los agentes de manera universal y dan lugar a obligaciones hacia los otros hablantes; esto reclamos tienen también un estatus racional porque están conectados con razones válidas. El reclamo de validez es un compromiso para justificar los hechos y palabras propias con respecto a los otros, y esto no es un mero fenómeno lingüístico; todo reclamo guía las acciones de los agentes sociales porque tiene una función práctica. El más notorio de los reclamos de validez que se refleja en la estructura formal del habla es el reclamo de verdad.

En un capítulo anterior vimos rápidamente la cuestión de la verdad en la obra temprana de Habermas; como dijimos antes, el problema filosófico de la verdad, de acuerdo con Edgar, plantea dos preguntas. La primera es qué significa describir una proposición como verdadera, qué condiciones tienen que satisfacerse; y la segunda es cómo establecer que es verdadera, cómo se sabe que se satisfacen las condiciones deseadas. Dicho en otros términos, cómo se justifica la verdad que una proposición reclama. Habermas basa sus argumentos en exploraciones de la filosofía analítica y del pragmatismo. (p. 157) Ahora veremos brevemente cómo plantea ese problema de la verdad en su obra posterior.

En *Teoría de la acción comunicativa*, la verdad se entiende como uno de reclamos de validez: cuando alguien dice algo, lo que dice contiene ciertos supuestos acerca del mundo externo; si el oyente impugna uno de ellos, lo que impugna es la verdad de ese supuesto. Se asume que el enunciado es verdadero si los supuestos corresponden al modo en que es el mundo. Esto se conoce como la teoría de correspondencia de la verdad. Con respecto al segundo problema, que en realidad es el de cómo se sabe cómo es realmente el mundo, y cómo se justifica el reclamo del enunciado, se plantea un problema complejo, no sólo porque no tenemos acceso directo a esa realidad (porque la realidad no habla por sí misma), sino porque nuestra experiencia esta modelada por nuestro lenguaje, por nuestra cultura y valores, y por nuestras preocupaciones prácticas. Esto lo llevó a postular que establecer la verdad de una proposición sólo podía hacerse por medio de la discusión y que no podía dejarse a una persona aislada; en la discusión se presenta la evidencia apropiada, y se justifica por qué esa evidencia es apropiada. Esa discusión terminaría, idealmente, cuando todas las partes estuvieran de acuerdo. Esto se conoce como teoría consensual de la verdad, que dice que una proposición es verdadera si todos (o la mayoría) de aquellos apropiadamente informados en un momento dado creen que es verdad.

La teoría consensual puede ser problemática porque relativiza la verdad a una comunidad particular de personas; pero Habermas evita el relativismo al argumentar que lo que hoy se considera como verdadero no necesariamente es lo mismo que lo que mañana lo será, pero que ese proceso de pasar de una a otra, no es un proceso arbitrario sino que más bien es producto de un debate racional. Finalmente formula una teoría discursiva de la verdad por la cual una proposición es verdadera si se resiste a todo intento de refutación en las condiciones más exigentes de discurso racional. No vamos más allá en la discusión acerca de la verdad.

El segundo tipo de reclamo de validez, después del reclamo de verdad, es aquel que está unido a la dimensión ilocutiva del acto de habla pues allí está implícito un elemento, que se explicita cuando se advierte que todo enunciado en primera persona tiene sobreentendido el segmento "digo que" o "aseguro que", el cual contiene una certeza; este componente ilocutivo dice que los enunciados con respecto a hechos no difieren de otros enunciados, tales como consejos, prevenciones, veredictos, etc.; en éstos surge una pregunta al discutir cómo se relaciona con un hecho. Esta fuerza ilocutiva del acto de lenguaje produce una relación, que puede ser legítima o no, entre los participantes y proviene de la fuerza de las normas de acción reconocidas, al grado que un acto de habla es una acción y actualiza un patrón de relaciones previamente establecido. En este caso, la atención se dirige al uso interactivo de la lengua y al conjunto de garantías, admoniciones, prevenciones, recomendaciones y promesas que son parte de los actos de habla del mismo modo que las proposiciones lo son del uso cognoscitivo de la lengua. Esos elementos orientan a los participantes hacia las normas de acción social, que se pueden o no aceptar; por tanto, hacen surgir el reclamo de validez de justeza o rectitud, el cual corresponde a la segunda orientación o relación con el mundo. Así como en el uso cognoscitivo orientado a la representación de hechos en el mundo externo, en su uso interactivo el hablante se orienta hacia el establecimiento de relaciones interpersonales legítimas en el mundo compartido de la sociedad. En el uso cognoscitivo, un hablante puede no escoger explícitamente poner en cuestión reclamos de validez normativa. De manera inversa, una interacción que se enfoque explícitamente en la legitimación de esta o aquella norma puede no involucrar cualquier referencia explícita a hechos externos. Pero ambos tipos de reclamo están conectados internamente en la constitución del lenguaje ordinario. En este sentido, ambos están presentes en los actos de habla en los hablantes competentes.

El último de los reclamos tiene que ver con el hecho de que las relaciones entre hablantes competentes despliegan otra función del habla en el uso ordinario. En el uso expresivo, cada acto de habla tiene la garantía de la sinceridad o la confianza con la cual cada uno expresa sus sentimientos, necesidades o intenciones. En esta dimensión, el habla orienta al agente hacia el mundo interior del hablante, sus sentimientos y motivos y así, a la autenticidad de lo que dice. Esto corresponde a la tercera de las orientaciones básicas de los participantes en la interacción.

En resumen, cada acto de habla, toda acción comunicativa -para el caso que aquí nos importa: todo objeto, toda imagen construida- que intenta la cooperación entre las partes, de manera explícita o implícita plantea tres reclamos: a la verdad, a la rectitud o justeza (o corrección) y a la veracidad; el primero se refiere a la verdad del conocimiento del mundo por parte del hablante; el segundo, a la corrección normativa

139

de su acción; y el tercero a la sinceridad de sus intenciones. Esos reclamos son necesarios porque están ya entendidos en el acto de hablar; todo reclamo de validez es un compromiso para proporcionar las razones apropiadas. En cualquier acto de comunicación el hablante debe hacer los tres reclamos. Dependiendo del tipo de acto, sea una aserción, una petición o una declaración, sólo se asume por el oyente (o como dice Habermas, sólo se tematiza) un único reclamo de validez. En las tres instancias, el comportamiento del hablante debe justificarse con razones. Dicha en forma resumida, la forma estándar de un acto de habla consiste de un modo de dirigirse (acto locutivo) de la forma "declaro o prometo o advierto o solicito, etc"., seguido de una proposición. Mientras que la proposición y su correspondiente reclamo a a la verdad se refiere a algo en el mundo objetivo, el acto ilocutivo y su reclamo a la rectitud se refiere a algo en el mundo social. Por su parte, el reclamo a la sinceridad se refiere al mundo subjetivo de las intenciones del hablante. Sólo uno de estos tres mundo y su reclamo se tematizan en cualquier momento dado, dependiendo si el acto es constativo, regulativo o si es una confesión. Sin embargo, sin importar el tipo, cada acto de habla ostensiblemente hace los tres reclamos. Los reclamos y sus contextos referenciales no se distinguen claramente uno del otro, pero en el trasfondo del mundo de la vida forman un todo.

Cuando el hablante hace el reclamo de validez a la verdad de un enunciado, asume que hay varias razones para ser creído y que podría, si fuera necesario, convencer al oyente de su verdad sobre la base de esas razones. El reclamo a la rectitud es más difícil de aclarar pues éste lo es también a la norma subyacente para probar las razones que la justifican; una dificultad mayor es que rectitud o justeza puede significar apropiado, justificado, moralmente permitido o moralmente requerido; por tanto, un reclamo a la corrección podría ser a cualquiera de esos sentidos.

La teoría de la acción comunicativa desplaza el centro de la teoría social a una relación social dialógica entre dos o más hablantes que, de modo recíproco y simultáneo, realizan no un tipo de reclamo de validez, sino tres. Éste es el núcleo de la innovación de Habermas (al menos en la época de su *Teoría de la acción comunicativa*). La interacción comunicativa es un medio por el cual los sujetos enlazan su habla o su acción por medio del proceso de obtención del entendimiento por la fuerza racionalmente motivadora del acuerdo, tanto como la convicción formados ambos comunicativamente. Por tanto, la racionalidad comunicativa se refiere a las tres dimensiones en las que los sujetos hacen los reclamos para los acuerdos en la interacción comunicativa. Las tres dimensiones se construyen en la estructura de la comunicación verbal. La forma más racional de comunicación es la acción orientada hacia la comprensión en las tres dimensiones; se trata de la acción comunicativa, opuesta a la acción orientada hacia el éxito.

El estudio de los actos ilocutivos no se limita a las reglas sintácticas y gramaticales de la lengua, sino también a la manera como la expresión verbal se usa para crear y mantener relaciones sociales. La mera competencia lingüística presupone que los sujetos tienen un léxico adecuado y las habilidades gramaticales para producir frases bien formadas; pero lo que se requiere es una teoría que permita construir diálogos, una teoría de la competencia comunicativa, que sea capaz de explicar el uso la lengua de una manera que diferencie lo subjetivo, los intersubjetivo y lo objetivo, las categorías que corresponden a las tres relaciones con el mundo o los tres mundos.

Como medio para lograr la comprensión, los actos de habla sirven para: (a) establecer y renovar las relaciones interpersonales, a través de las cuales un hablante establece una relación legítima con algo en el mundo social; (b) representar (o presuponer) estados y acontecimientos, por los que el hablante establece una relación con algo en el mundo de estado de cosas existente; (c) manifestar experiencias (esto es, representarse uno mismo) con lo cual el hablante establece una relación con algo en el mundo subjetivo. Un acuerdo comunicativamente alcanzado se mide contra estos tres reclamos de validez que son susceptibles de crítica: al llegar a la comprensión acerca de algo con otro, los actores no pueden evitar incrustar sus actos de habla en tres relaciones con el mundo y reclamar validez para ellos bajo tres aspectos. Quien rechaza un acto de habla comprensible lo hace por alguno de estos reclamos. Al rechazar un acto de habla como incorrecto con respecto a las normas sociales, o como falso o como no sincero, se expresa con este rechazo el hecho de que la expresión no cumple su función de asegurar una relación interpersonal, o la de representar estados de cosas, o la de manifestar experiencias. No es un acuerdo con nuestro mundo de relaciones interpersonales legítimamente ordenado, o con el mundo de estados de cosas, o con el propio mundo del hablante de experiencias intersubjetivas. En otras palabras, cuando alguien hace un postulado, asiente, narra, explica, representa, predice, discute algo, etc., busca un acuerdo con el oyente basado en el reconocimiento de un reclamo de verdad. Cuando se expresa una frase de la experiencia en primera persona, o revela, confiesa, manifiesta algo, etc., el acuerdo puede llegar sólo sobre la base del reconocimiento de una reclamo de veracidad o sinceridad. Cuando da una orden o hace una promesa, apunta o previene a alguien, bautiza o casa a alguien, compra algo, etc., el acuerdo depende de si los involucrados admiten la acción como correcta. Estos modos básicos aparecen en toda su pureza, más claramente llegan a la comprensión si se orientan a sólo un reclamo de validez dominante.

Alcanzar el entendimiento es un proceso por medio del cual se llega a un acuerdo entre sujetos hablantes y actuantes. Este tipo de acuerdo, que es el logrado por la comunicación o que se presupone mutuamente en una acción comunicativa, está diferenciado. Por su propia estructura, no puede ser simplemente inducido desde el exterior sino que tiene que ser aceptado o supuesto como válido por los participantes; de allí su diferencia con un mero acuerdo de facto. Un proceso de búsqueda de entendimiento se propone lograr un acuerdo con respecto a los contenidos de un enunciado.

> Un acuerdo comunicativamente alcanzado tiene una base racional; no puede ser impuesto por alguna de las partes, sea instrumentalmente por medio de la intervención en la situación directa o estratégicamente a través de influir en las decisiones de oponentes. El acuerdo puede de hecho objetivamente ser obtenido por la fuerza; pero lo que ocurre manifiestamente por influencia exterior o por el uso de violencia no puede contar subjetivamente como acuerdo, pues éste reposa sobre convicciones comunes. (J. Habermas, *The theory of communicative action*, I, pp. 286-7)

De esta manera, el acto de habla de una persona sólo puede ser exitoso si el otro acepta la oferta contenida en él al tomar una posición, aunque sea implícitamente, con un "sí" o con un "no" respecto a un reclamo de validez que en principio es susceptible de crítica. Los dos participantes, tanto el que hace el reclamo de validez con su enunciado, como el otro, el que lo reconoce o lo rechaza, basan sus decisiones sobre bases o razones potenciales.

Llegar al entendimiento, a la comprensión, que es "el telos inherente del habla humana", es el proceso de llegar a un acuerdo entre sujetos. (p. 287) Por tanto, el oyente "entiende el significado de un texto sólo en la medida que ve por qué el autor se sintió capacitado para postular (como verdaderas)

143

ciertas aserciones, a reconocer (como rectos) ciertos valores y normas, a expresar (como sinceras) ciertas experiencias". (p. 132) También se puede explicar la comprensión de una expresión por medio del conocimiento de las condiciones bajo las cuales un oyente puede aceptarla. El autor explica la comprensión de una expresión por medio del conocimiento de las condiciones bajo las cuales un oyente puede aceptarla: para él, un acto de habla se entiende cuando se sabe lo que lo hace aceptable; las condiciones de aceptabilidad, desde el punto de vista del hablante, son iguales a las condiciones de su éxito ilocutivo. "La aceptabilidad no se define aquí en sentido objetivista, desde la perspectiva de un observador, sino en la actitud performativa de un participante en la comunicación. Un acto de habla puede llamarse aceptable si satisface las condiciones necesarias para permitir al oyente asumir la posición "sí" sobre el reclamo planteado por el hablante". (pp. 297-298) Las condiciones de aceptabilidad no se pueden satisfacer sólo de manera unilateral por el lado del hablante o por el del oyente, puesto que son condiciones para el reconocimiento subjetivo del reclamo que está basado en un acuerdo que concierne a obligaciones posteriores a la conclusión de la interacción.

La expresión "llegar a la comprensión" significa que cuando menos dos sujetos comprenden una expresión lingüística de la misma manera. Para comprender lo que un hablante quiere decir por medio de un acto de habla, el oyente tiene que conocer las condiciones bajo las cuales puede ser aceptado. Si el oyente acepta ese acto de habla, entonces se produce un acuerdo entre ambos. Pero esto no se basa en que reconoce un único reclamo de validez, sino que el acuerdo debe alcanzarse al mismo tiempo en los tres niveles.[49] En consecuencia,

_____

[49]Se pueden identificar esos tres niveles "intuitivamente si conservamos en la mente que en la acción comunicativa un hablante selecciona una ex-

144

el hablante tiene conciencia de que, con su acto de habla realiza, en primer lugar, un acto que es correcto respecto a un contexto normativo dado, de modo que se produzca como resultado una relación intersubjetiva entre él y el oyente, que se reconoce como legítima; en segundo, que está diciendo la verdad, por lo que el oyente la pueda aceptar y compartir con él el conocimiento; y en tercero, que se expresa de un modo fiel y sincero con respecto a sus creencias, intenciones, sentimientos y deseos, de manera tal que el oyente pueda creer lo que escucha. "El hecho de que exista la relación intersubjetiva de un acuerdo logrado comunicativamente en los niveles de acuerdo normativo, conocimiento proporcional compartido y confianza en la sinceridad subjetiva puede ser explicado a su vez por medio de las funciones de lograr la comprensión en el lenguaje". (p. 308)

Pero a menudo se da el caso de que el oyente rechaza un acto de habla inteligible, comprensible, bien formado y con sentido; ese rechazo puede ser debido a diferentes motivos:

> En contextos de acción comunicativa, los actos de habla pueden siempre ser rechazados bajo cada uno de los siguientes aspectos: el aspecto de la corrección que el hablante reclama para su acción en relación con un contexto normativo (o, indirectamente, para las normas mismas); la veracidad que el hablante reclama para la expresión de experiencias subjetivas a las cuales tiene un acceso privilegiado; finalmente, la verdad que el hablante, con su enunciado reclama (o para las presuposiciones existenciales de una proposición nominalizada). (p. 307)

Como se ha visto antes, por su propia estructura el acuerdo no puede ser inducido por algún influjo externo sino que tie-

---

presión lingüística comprensible sólo para llegar al entendimiento con un oyente acerca de algo y, por tanto, para hacerse él mismo comprensible". (p. 298) ne que ser aceptado como válido por los participantes. Todo acuerdo obtenido de forma comunicativa tiene una base racional y no puede ser impuesto por alguna de las partes; debe basarse en convicciones comunes. Como medio para lograr la comprensión, los actos de habla tienen las tres funciones ya mencionadas: representar (o presuponer) estados y acontecimientos, por los que el hablante establece una relación con algo en el mundo de estado de cosas existente; establecer y renovar las relaciones interpersonales, por las que un hablante establece una relación legítima con algo en el mundo social; y manifestar experiencias, es decir, representarse uno mismo, establecer una relación con algo en su mundo subjetivo. Quien rechaza un acto de habla comprensible lo hace por alguno de estos reclamos. Un acto de habla puede ser rechazado como erróneo o falso o no sincero, al no poder representar estados de cosas, o asegurar una relación interpersonal o manifestar experiencias.

En otras palabras, todo acto de habla hace un reclamo a la verdad sostenida por el hablante con su enunciado, a la rectitud (o justeza o corrección) que reclama el hablante para su acción respecto al contexto normativo, y a la veracidad reclamada para la expresión de experiencias subjetivas; todos ellos son necesarios porque están sobreentendidos en el acto de habla. El primero se refiere a que el enunciado sobre el mundo objetivo es válido si es verdadero, es decir, si corresponde a la realidad; el segundo se refiere a que el enunciado es válido si es sincero, si tiene una relación auténtica con el mundo subjetivo; y el tercero se refiere a que el enunciado es válido si no contradice las normas sociales comúnmente acordadas. Como se verá enseguida, en este punto aparece la pertinencia para las consideraciones éticas, para la ética del discurso, puesto que de esto último es de lo que se trata en el llamado discurso ético o, de modo general, el discurso práctico. Si un reclamo de validez es un compromiso para proporcionar razones apropiadas, en cualquier acto de comunicación el hablante hace esos tres reclamos, pero, según del tipo de acto (aseveración, petición, declaración), sólo uno se asume por el oyente. El oyente entiende el enunciado de un hablante en la medida en que ve por qué éste se sintió con derecho a presentar (como verdaderas) ciertas afirmaciones, a reconocer (como correctas) ciertos normas y valores, y a expresar (como sinceras) ciertas experiencias.

La idea fundamental de la teoría de la acción comunicativa es que el orden social a final de cuentas depende de la capacidad de los actores o de los participantes de toda acción, de reconocer la validez intersubjetiva de los reclamos de los que depende la cooperación social.[50] Al entender esta cooperación en relación con los reclamos de validez, Habermas destaca su carácter cognoscitivo y racional: reconocer la validez de los reclamos es asumir que se pueden dar razones convincentes que los justifiquen frente a posibles críticas. Por tanto, las teorías del significado y de la acción tienen como uno de los propósitos la defensa de un paradigma moral, la ética discursiva, que es la base de una teoría social crítica ya que proporciona el estándar ideal de razonamiento moral contra el cual pueden juzgarse los procesos de razonamiento. Esa ética del discurso tiene aspectos metaéticos y normativos; los primeros reconstruyen lo que intuitivamente se quiere decir al usar expresiones relacionadas con la moral (como enunciados que incluyen el verbo "deber" o enunciados que califican algo como "correcto" o como "justo"); estas expresiones presupo-

---

[50]"La cuestión teórico-social de cómo es posible el orden social se corresponde con la cuestión de la teoría de la acción, de cómo al menos dos participantes en la interacción pueden coordinar sus planes de acción de forma que alter pueda 'enganchar' sus acciones con las de ego sin conflictos y, en todo caso, evitando el peligro de una ruptura de la interacción". J. Habermas, *Conciencia moral y acción comunicativa*, p. 157.

nen lógicamente que existe respeto mutuo entre los agentes y que éstos son libres e iguales. También suponen un estándar de validez normativa: sólo son válidas las normas morales que todas las personas libremente aprueban o consienten. El aspecto normativo dice lo que estamos obligados a hacer para llegar a un acuerdo acerca de las normas morales válidas. No prescribe algún curso particular de acciones, ni una acción moral como tal; más bien muestra que no se puede renunciar a la obligación de llegar al acuerdo sobre normas morales si vamos a interactuar con los demás de una manera racionalmente responsable. Además, muestra que llegar a un acuerdo moral obliga a entrar en el discurso y, por tanto, a conformar nuestro razonamiento colectivo moral a las presuposiciones que lo subyacen. Sin embargo, hasta ahora no hemos especificado cómo se entiende la noción de discurso en este enfoque.[51]

---

[51]En la nota de traductor al libro de Habermas, *Legitimation crisis*, Thomas McCarthy señala que el funcionamiento del juego de lenguaje descansa en un consenso de base formado por el reconocimiento mutuo de cuatro diferentes reclamos de validez involucrados en el intercambio de actos de habla: "que el enunciado es comprensible, que su contenido proposicional es verdadero, que el hablante es sincero al expresarlo, y que es correcto o apropiado para el hablante realizar ese acto de habla. En la interacción normal, estos reclamos planteados implícitamente se aceptan ingenuamente. Pero es posible que surjan situaciones donde uno o más de ellos se vuelvan problemáticos. En tales casos —esto es, cuando el consenso de fondo se pone en cuestión— se requieren formas específicas de resolución de problemas para eliminar el disturbio y restaurar el consenso original, o uno nuevo. Se necesitan formas diferentes para cada tipo de reclamo. Pero la validez del reclamo de verdad problemático o de una norma problemática sólo puede ser redimida discursivamente, esto es entrando al discurso cuyo único propósito es juzgar la verdad de la opinión problemática o la corrección de la norma problemática. En el primer caso tenemos lo que Habermas llama un discurso teórico; en el segundo, un discurso práctico. (McCarthy, Translator's Introduction, p. xiii.)

Un acto de habla tiene éxito sólo si el otro, el oyente, acepta la oferta del hablante contenida en él al tomar posición (aunque sea implícita) con el asentimiento o la negación con respecto a uno de los reclamos de validez ofrecido, porque un acto de habla es una oferta de compromiso que hace el hablante en la interacción social. Al hacerla, asume ciertas obligaciones contenidas en los tres reclamos. El oyente es libre de decir sí o no a la propuesta del hablante si mantiene dudas acerca de sus reclamos; si la respuesta del oyente es negativa porque pone en cuestión uno o más de los reclamos, el hablante puede entonces terminar el intercambio, o continuarlo de un modo estratégico (con amenazas o engaños) o puede "redimir" el reclamo en disputa por medio de justificaciones razonadas. Éstas pueden ser desde una simple extensión del acto de habla, como sería apelar a la experiencia para insistir en el carácter de verdad, o a las normas aceptadas para garantizar la rectitud normativa. El reclamo de validez funciona como una garantía de que los hablantes pueden dar razones que convenzan al interlocutor para que acepte el enunciado. La mayor parte de las veces, esa garantía se acepta de modo tácito por el oyente y ello basta para coordinar sus acciones y conseguir una comunicación exitosa. Cuando hay comprensión y se llega al consenso, se pasa de la comunicación a la acción, y éstas quedan coordinadas por los reclamos de validez. Pero cuando la comunicación se rompe, cuando el oyente rechaza alguno de los reclamos y pide al hablante que lo valide por medio de razones, eso significa que los agentes están en desacuerdo sobre una situación de acción y llegan a una discusión; con ello pasan al nivel de lo que Habermas llama discurso, que es una comunicación en segundo grado, una comunicación sobre la comunicación, que es cuando hablante y oyente suspenden su acción y se comprometen en una forma de diálogo en donde se cuestionen las garantías subyacentes al reclamo en cuestión.[52] Es el proceso a través del cual los supuestos y los reclamos de los participantes en la comunicación se someten a discusión y crítica, de manera que puedan ser aceptados o rechazados.

Discurso, por tanto, no es simplemente sinónimo de enunciado o de habla sino que se refiere a una forma reflexiva del habla que intenta alcanzar un acuerdo racionalmente motivado. Por tanto, no denota una forma de actividad lingüística en general sino que recoge una práctica común de argumentación y justificación tejida en la vida cotidiana.[53] No es un juego de lenguaje entre otros, sino que ocupa una posición privilegiada en el mundo social, pues es el mecanismo para

---

[52]Dice Habermas, sobre los reclamos de verdad, "Desde la perspectiva de las rutinas del mundo de la vida, la verdad de los enunciados sólo se convierte en tópico de discusión cuando fallan las prácticas y surgen las contradicciones. Como resultado, lo que hasta ahora se daba por sentado y aceptado como válido pasa a ser visto simplemente como 'verdades asumidas', esto es, fundamentalmente como reclamos de verdad problemáticos. Como tales, se convierten en tematizadas si un proponente apuesta en contra de un oponente que puede justificar un enunciado que se presenta como hipotéticamente válido. Solamente entonces hacen la transición de la acción al discurso, cuando los participantes adoptan una actitud reflexiva y disputan la verdad ahora tematizada de los enunciados controvertidos a la luz de las razones aportadas a favor y en contra". *Truth and justification*, p. 39. (ed. esp.: *Verdad y justificación. Ensayos filosóficos*, p. 51).

[53]Antes de asumir de lleno su interés por los aspectos éticos, Habermas había definido el concepto de argumentación como un "tipo de habla en el cual los participantes tematizan los reclamos de validez impugnados e intentan defenderlos o criticarlos por medio de argumentos. Un argumento contiene razones o bases que están conectas en una manera sistemática con los reclamos de validez de una expresión problemática. La "fuerza" de un argumento se mide en un contexto dado por la solvencia de las razones; esto puede verse, entre otras cosas, en si un argumento es capaz o no de convencer a los participantes en un discurso, esto es, motivarlos para aceptar el reclamo de validez en cuestión". (*The theory of communicative action*, v. I, p. 18)

regular los conflictos en las sociedades modernas; su función es reparar o renovar el consenso roto y restablecer las bases racionales del orden social. El discurso en principio intenta este tipo de consenso, incluso si no lo logra. Cuando el oyente cuestiona uno o más de los reclamos de validez del hablante con el objetivo de que éste los justifique, entonces se inicia el discurso. Como existen reclamos diferentes, habrá también distintos tipos de discurso, teórico y práctico principalmente. En condiciones ideales, el discurso terminaría con un consenso renovado entre los que toman parte en la conversación. Sin embargo, hay dos aspectos que considerar: por un lado, puede que no exista la evidencia suficiente para convencer al otro; incluso el discurso podría terminar o hasta evitarse (ni siquiera comenzar) por medio del ejercicio del poder. Una de las metas de Habermas es identificar y exponer esta comunicación distorsionada. Por otro lado, incluso si el discurso se resolviera racional y libremente, es decir, que todos dicen lo que quieren decir, y todos aceptan la conclusión, esta conclusión siempre permanece como provisional. El discurso no puede llegar a la verdad absoluta porque parte de un conjunto de creencias y valores establecidos; puede plantear como problemática una idea particular o un valor, pero no cuestionar todo a la vez. Lo que hace es establecer un consenso de trabajo ya que puede surgir nueva información en el futuro y cuestionar el consenso previo; o nuevas ideas que alteren la coherencia de la conclusión; entonces tendría que aparecer un nuevo proceso discursivo. "Nuestras más preciadas creencias acerca de cómo funciona nuestro mundo, lo que ocurrió en el pasado, lo que pasará en el futuro, y lo que es correcto o erróneo hacer, todo eso puede ser cuestionado. Para Habermas, la importancia del discurso está en el hecho de que proporciona una manera racionalmente justificable de cuestionar creencias problemáticas". (A. Edgar, *Habermas. The key concepts*, pp.

42-3) El discurso es una práctica disciplinada muy compleja, pues la argumentación consiste en ciertas reglas identificables que se pueden formalizar.

Para comprender la relación entre la teoría de la acción comunicativa y la ética del discurso se necesita tener presente el hecho que, durante las últimas décadas del siglo XX, después del predominio del historicismo y la teoría del conocimiento como temas centrales de la filosofía, reapareció en un interés por la reflexión con respecto a la ética y la moral. De entonces hasta ahora, tanto la filosofía moral como la filosofía política poco a poco adquieren una presencia cada vez más notoria, especialmente por los conflictos mundiales de los que somos testigo, sobre todo raciales y religiosos, pero también en áreas más distantes como la medicina y las ciencias. Si a esto se añade el problema que padecen las sociedades modernas de encontrar estándares comunes mínimos de convivencia por la pluralidad de visiones de mundo de las distintas y variadas formas de vida, con diversas jerarquías de valores, no es extraña esta vuelta hacia el ámbito de lo práctico de la que somos testigo. Este giro práctico trata de vincular la pluralidad de racionalidades con un enfoque ético, en la cual la noción de responsabilidad adquiere toda su pertinencia; la filosofía intenta pensar perspectivas en las que a todo actor se tenga que exigir responsabilidad con respecto a las consecuencias de cualquier actividad;[54] por ello esa noción adquiere un carácter central en las teorías que desarrollan propuestas normativas, no sólo morales, como la la ética del discurso, sino también políticas.

---

[54]La crisis energética, la cada vez más notoria escasez de recursos naturales, los mantos acuíferos, la cada vez mayor contaminación, la necesidad de reciclar, etc., son todos temas asociados con la responsabilidad que todos tenemos que exigir a los diseñadores.

La perspectiva de la ética del discurso se distingue, entre otras cosas, porque considera que el dominio de lo ético puede no sólo ser descriptivo, sino también explicativo. Hay varias posiciones filosóficas respecto a la ética, y una de ellas es la ética discursiva o del discurso ético, desarrollada, entre otros, por Habermas, quien propone un acercamiento a los fenómenos morales desde la acción comunicativa. (J. Habermas, *Ética del discurso. Notas sobre un programa de fundamentación*, p. 60) La perspectiva de la ética del discurso se separa de la que está presente en la ética clásica, que se remonta a los escritos éticos de Aristóteles; ésta asume que la filosofía puede y debe responder a una pregunta fundamental: ¿cómo tengo que vivir? o ¿cómo se tiene que vivir? Si se asume que ésta debe ser su función, las cuestiones prácticas toman un sentido teleológico y las interrogantes sobre qué debo hacer o qué es para mí lo justo o lo correcto, quedan subsumida en otra más amplia, que es la que indaga en qué consiste la vida buena. Hay, por tanto, desde ese punto de vista, un desplazamiento hacia una ética de los bienes que tiene lleva a separar la razón práctica del conocimiento teórico, lo que hace entender la razón práctica "como una facultad que se mueve ya dentro del horizonte de prácticas y costumbres en las que se ha crecido y que, por tanto, no pueden aspirar a ese tipo de conocimiento que Aristóteles reserva a la ciencia, a la teoría en sentido estricto". (J. Habermas, *Aclaraciones a la ética del discurso*, p. 65)

La ética del discurso tiene como antecedente, por lo menos en muchos de sus aspectos, la posición ética kantiana. Kant buscaba unos principios éticos que tuvieran el mismo carácter de universalidad que la ciencia y, en esa búsqueda, separó las éticas en empíricas (todas las anteriores a él) y formales (la suya); entre las empíricas están, por ejemplo, las éticas orientadas a fines y bienes, como las de Aristóteles o Tomás

153

de Aquino. Así, mientras que las éticas clásicas se refieren a las cuestiones relativas a la vida buena, el enfoque de Kant sólo se orienta hacia los problemas relacionados con la acción correcta o justa. De aquí parte la bifurcación pues con esto se rechaza que la ética se fundamente en otra cosa que no sea imperativo moral, puesto que, si la moral se orientara sólo a buscar la felicidad, no podría producir ninguna norma categórica ni universal. Según Kant, la filosofía tendría dos vertientes: la teórica, con la cual usamos nuestras categorías y formas de intuición para construir un mundo de experiencia o naturaleza, y la práctica, en la que usamos la ley moral para construir la idea de un mundo moral o reino de los fines que guíe nuestra conducta y transforme el mundo natural en el bien mayor. La filosofía teórica trata con las apariencias, a las cuales está limitado nuestro conocimiento, mientras que la práctica trata con las cosas en sí mismas, aunque no nos da conocimiento acerca de ellas, sino sólo justificación racional de ciertas creencias para fines prácticos. Las dos partes de la filosofía, la teórica y la práctica, hablan del mundo, pero la diferencia es que la filosofía teórica trata de como es, mientras que la práctica trata de cómo debe ser.

Sin la pretensión de explorar en profundidad los antecedentes inmediatos de este renacimiento de la ética, sólo menciono el libro de Robert Alexy, *Teoría de la argumentación jurídica*, de fines de los años setenta, en el cual propone que la argumentación jurídica se puede ver como una actividad lingüística que tiene como objetivo la justeza o la rectitud de cierto tipo de enunciados normativos. Esa actividad la designa como «discurso jurídico», y la ve como un caso especial del «discurso practico» ya que trata de lo correcto de los enunciados normativos.[55] Según este autor, el discurso jurídico puede

---

[55] la forma de argumentación en que se convierten en tema los reclamos de verdad que se han vuelto problemáticas, Habermas la llama discurso

verse desde tres perspectivas: empírica, analítica o normativa. Es empírica si en ella se describen o explican ciertos argumentos o situaciones de las acciones jurídicas concretas; es analítica si se trata de la estructura lógica de los argumentos efectuados o posibles; y normativa si se establecen y fundamentan criterios para la racionalidad del discurso. Tanto en el discurso jurídico como en el practico en general se trata de la corrección de enunciados normativos.

Para fundamentar los enunciados normativos, dice Alexy, habría que contar, primero, con una teoría del lenguaje normativo. El análisis de los discursos prácticos, en especial del ético, se ha desarrollado en el marco de la filosofía analítica y es parte de lo que allí se llama «metaética». El modelo mas simple de discurso practico consiste en la discusión entre dos personas sobre si se debe hacer algo o si esto es bueno, y se llega a un acuerdo cuando una de ellas demuestra, justifica o fundamenta ante la otra que su afirmación es verdadera. La pregunta pertinente es si es posible justificar ese tipo de argumentos morales y, en caso de que lo sea, cómo puede hacerse. Del análisis del autor de varias teorías metaéticas, resumo algunas conclusiones: la función del lenguaje moral no se reduce a la descripción de objetos, propiedades o relaciones empíricas o no empíricas; el discurso práctico es una

---

teórico. Lo mismo puede ocurrir en el dominio práctico-moral: "Llamamos racionales a las personas que pueden justificar sus acciones con referencia a los contextos normativos existentes. Esto es particularmente cierto para aquellos que, en caso de conflicto normativo, actúan juiciosamente, esto es, ni se dejan llevar por sus afectos ni persiguen sus intereses inmediatos, sino que se interesan en juzgar la disputa desde un punto de vista moral y resolverla de una manera consensual. El medio en el cual podemos probar hipotéticamente si una norma de acción, realmente reconocida o no, puede justificarse imparcialmente es el discurso práctico; es ésta la forma de argumentación en la que los reclamos de rectitud normativa se convierten en tema. (*The theory of communicative action*, v. I, p. 19)

actividad guiada por reglas propias, en la que se trata del equilibrio racional de intereses; la tarea de una teoría del discurso práctico es determinar las reglas que determinan esta actividad y diferenciar entre descripción y análisis de las reglas de los juegos de lenguaje existentes (es la parte empírica o analítica) y la justificación o fundamentación de tales reglas (la parte normativa); de las reglas de la argumentación práctica se deben distinguir las formas del argumento; finalmente, que las proposiciones normativas son universalizables. A pesar de que las reglas de la argumentación práctica no son como las de las ciencias naturales, no se puede negar su carácter de actividad racional. En suma, si bien estas teorías dejan muchos problemas abiertos, contienen indicaciones valiosas para la construcción de una teoría del discurso práctico. No vamos más allá en su desarrollo, pero tomamos en cuenta estas conclusiones.

En sus consideraciones sobre el discurso ético (o la ética del discurso), Habermas continúa el punto de vista de Kant, quien, como ya se dijo, sitúa la ética dentro del dominio práctico. Entre las distintas posturas históricas, los caminos de la ética han sido tres: el primero es el del empirismo, en el cual la capacidad de juicio moral queda excluida del ámbito de la razón; aquí están las éticas no cognoscitivas. El segundo es aquel donde el razonamiento moral se reduce a una ponderación de consecuencias o resultados de tipo racional orientado a fines; éste es el camino del utilitarismo. El tercero es el camino de Kant, quien reservó al juicio moral un lugar dentro de la razón, con lo que le permitió una pretensión de conocimiento. Según él, todos los enunciados –los empíricos, los normativos, incluso los estéticos– presuponen que pueden ser sostenidos o criticados por medio de razones; por ello relaciona la moral con la esfera cognoscitiva, aunque hay una tendencia a pensar que las cuestiones relativas a la moral o a la esfera de lo práctico en general no se pueden resolver con el criterio de la racionalidad, y que sólo en la esfera cognoscitiva es posible hacer decisiones con fundamentos.

Si en el razonamiento científico se utiliza el principio de inducción para salvar la brecha entre las observaciones particulares y las hipótesis generales; el dominio práctico necesita también un principio puente similar al de inducción y Kant propone que es principio sea el imperativo categórico. Para introducir un principio de argumentación moral, las éticas cognoscitivas apelan a ese modelo y conciben este principio moral de modo que excluya como inválidas aquellas normas que no consiguen la aprobación de todos los posibles destinatarios. (J. Habermas, Ética del discurso. Notas sobre un programa de fundamentación, p. 83) Ese principio puente que posibilita el consenso tiene que asegurar que únicamente se acepten como válidas aquellas normas que expresan una voluntad general; o sea, que se puedan convertir en ley general.

Si Kant se limita estrictamente al conjunto de los juicios normativos que pueden fundamentarse, su punto de partida tiene que ser un claro concepto de moral. Por ello, dice Habermas, sería más preciso hablar de una teoría discursiva de la moral; el nombre que se ha impuesto desde la filosofía analítica es el de ética del discurso o ética discursiva, aunque en realidad de lo que habla es de moral. Lo fundamental que debe tratar una teoría de lo moral es la validez deóntica, el deber ser de las normas. En este aspecto se habla de una ética deontológica que entiende la rectitud de las normas de manera análoga a la verdad de un enunciado constativo (o declarativo o asertórico), aunque la verdad moral de los primeros no debe asimilarse a la validez de los segundos. Es decir, la validez normativa es un reclamo de validez análogo al reclamo de verdad; por eso es una ética cognoscitiva, que tiene que fundamentar los enunciados normativos.

157

Desde Kant, se designa la conducta como "moral" cuando los individuos asumen la responsabilidad para libremente relacionarse con los demás de acuerdo con lo que les dicta su propia conciencia. Este modo de conducta difícilmente existiría en sociedades premodernas en las que las personas aceptan sin cuestionar las normas de vida dictadas por la autoridad religiosa. La emergencia de la libertad moderna mina esa autoridad y genera conflictos que sólo pueden resolverse por individuos que se relacionan unos con otros como iguales. Las soluciones de las éticas premodernas estaban envueltas en concepciones teológicas y metafísicas del orden de lo bueno; éstas, según Kant, son racionalmente insostenibles. Habermas, como Kant, quiere justificar la moralidad por medio de procedimientos puramente racionales para determinar lo correcto sin apelar a visiones metafísicas sobre lo bueno, es decir, sobre bases posmetafísicas. Pero a diferencia de Kant, quiere hacerlo sin apelar a la razón pura.

Así vista, la moralidad surge, según Habermas, en las sociedades modernas que han pasado por un proceso de evolución estructural impulsado por lo que Weber llama racionalización, que involucra la subordinación gradual de los modos religioso y metafísico de entender el mundo a una mirada secular y científica. El desencanto de la naturaleza como un dominio de propósitos y fines está asociado con la emergencia de sistemas legales y de mercado que se centran en la propiedad privada y en contratos. Junto con este cambio funcional en la economía y las leyes, hay otro cambio en la manera en que las personas se ven a sí mismas: como individuos que deben ser racionalmente responsables de ellos y de los otros. Al cumplir diferentes papeles en la cada vez más compleja sociedad y al juzgar sus propias convicciones éticas y religiosas, las personas desarrollan intereses en conflicto acerca de lo bueno; aprenden que los conflictos éticos se evitan si se busca lo bueno de forma restringida, con la tolerancia de los otros y el respeto de sus derechos universales de pensar lo que quieran.

Habermas sigue la propuesta de Kohlberg de distinguir etapas en la evolución del juicio moral, divididas en tres órdenes: preconvencional, convencional y posconvencional. Al primero le corresponden dos etapas, la etapa uno, la más temprana de razonamiento moral, sólo considera las consecuencias de las acciones en el razonamiento de cómo buscar placer y evitar dolor. La etapa dos, un nivel más alto de moralidad, requiere rudimentos de reciprocidad centrada en el yo. La cooperación social de este tipo, que se basa sólo en la conveniencia momentánea de cada parte, es poco fiable cuando una parte decide que ya no le interesa la cooperación. Ya en el orden convencional, los niños en la etapa tres cooperan con sus padres para tenerlos contentos; como adultos aprenden a jugar los roles convencionales pedidos por la sociedad. Incluso el nivel más alto de razonamiento convencional (etapa cuatro), que pide devoción a la ley y al orden, todavía no muestra disposición a cuestionar la autoridad. Sólo en el orden posconvencional se cuestiona si las convenciones de la nación son compatibles con las concepciones abstractas de lo correcto o equivocado; éstas ya están en el diseño de la constitución de la nación pues ésta es un contrato en el cual las personas distinguen entre los derechos y deberes iguales del ciudadano en general de los derechos y deberes diferentes asociados con los roles sociales. De acuerdo con este pensamiento contractual (que es la etapa cinco), el derecho a la vida de una persona no puede ser infringido por la mayoría. Pero la sociedad puede todavía distribuir cargas y beneficios de modo desigual según el capricho de los poderosos o de la mayoría. Incluso cuando el contractualismo respalda los derechos democráticos y permite leyes para maximizar el bienestar general (principio del utilitarismo), todavía falla en respetar los intereses iguales de todos. Sólo en el nivel deontológico del razonamiento (etapa seis) los individuos interactúan de acuerdo con principios universales de justicia que tratan de alcanzar igualmente los intereses de todos.

> Esta etapa toma la perspectiva de un punto de vista moral [...] del que se derivan los acuerdos sociales. La perspectiva es la de cualquier ser racional, que reconoce la naturaleza de la moral o la premisa moral fundamental del respeto debido a las otras personas en su condición de fines y no de medios. (J. Habermas, *Conciencia moral y acción comunicativa*, p. 152)

Si la moralidad basada en derechos es una precondición para las sociedades modernas, es porque nuestra época representa una etapa de desarrollo que puede resolver los conflictos eficazmente. La moralidad moderna es posconvencional y difiere del razonamiento moral convencional en que éste resuelve el problema de la conveniencia de cada uno al tomar en cuenta las expectativas también convencionales de los otros. Hay tres tipos de moral posconvencional: contractualista, utilitarista y deontológica, y todas ellas son posmetafísicas.[56] Las teorías deontológicas son herederas de Kant, quien postula la idea moderna de que los sujetos morales deben verse a sí mismos como agentes libres y responsables, que tienen deberes hacia los otros y que son por tanto racionalmente responsables por ellos. El énfasis en la libertad y la responsabilidad lo lleva a la conclusión que estamos obligados a sólo aquellas reglas de conducta que hemos legislado. Como soy responsable de los

---

[56]Habermas expone, en *Pensamiento posmetafísico*, los motivos para proseguir con la filosofía,incluso después de que ésta cierra la era de la metafísica. La metafísica se inicia con Platón, sigue con Plotino, San Agustín, Santo Tomás, Descartes, Spinoza y Leibniz, hasta Kant, quien cuestiona la metafísica, pero todavía está dentro de sus límites. A partir de Kant surgen Fichte, Schelling y Hegel.

otros, esas reglas deben ser susceptibles de ser asumidas por mí como leyes universales para la humanidad.

Los miembros competentes de la sociedad tienen a su disposición un conjunto de reglas de comunicación y en ellas está implícita una teoría normativa; en esas reglas requeridas para comunicarse entre sí, y por lo tanto para crear y mantener relaciones sociales, se reconocer una dimensión moral. De esta manera, todo lo que alguien dice o hace puede, en principio, ser cuestionado o criticado desde el punto de vista de la verdad de lo dicho, de la sinceridad o de la veracidad (además de hacerlo en lo que toca a su significado), y, lo pertinente para la ética, en cuanto al derecho a decir lo que se dice o hacer lo que se hace. En el momento de que el oyente cuestiona el derecho a afirmar algo y pide al hablante que justifique su reclamo, allí se rompe la comunicación normal, y ambos apelan al discurso; en ese punto la validez de la afirmación se trata como una mera hipótesis y puede someterse a crítica y defensa. De esa posibilidad de tener que defender la legitimidad de lo que expresa un hablante competente emerge la ética del discurso.

El imperativo categórico kantiano adopta en los discursos prácticos el papel de regla de argumentación, al que Habermas llama principio de universalidad (U); éste es una norma de argumentación que hace posible el acuerdo en los discursos prácticos cuando se pueden regular los asuntos con igual consideración a los intereses de todos los afectados; sólo con la fundamentación de este principio puente se puede llegar a la ética discursiva. El principio (U), que actúa como una regla, está implícito en los supuestos de cualquier argumentación cuando es posible mostrar "que toda persona que participa en los presupuestos comunicativos generales y necesarios del discurso argumentativo, y que sabe el significado que tiene justificar una norma de acción, tiene que dar por buena implícitamente la validez del postulado de universalidad". En otro escrito dice de este principio: "en el caso de normas válidas, los resultados, consecuencias laterales que, para la satisfacción de los intereses de cada uno, se sigan de la observación general de una norma, tienen que poder ser aceptados sin coacción alguna por todos". (Aclaraciones a la ética del discurso, p. 25) El lugar del imperativo categórico lo ocupa en la ética del discurso el procedimiento de argumentación moral. El principio de universalización sostiene que las decisiones morales son válidas sólo si todos los afectados pueden darles su consentimiento; todos deben reconocer las consecuencias de la decisión y la deben preferir sobre las consecuencias de cualquier otra decisión.

Esta concepción de la ética recupera gran parte de la filosofía moral de Kant, para quien un principio moral sólo puede ser aceptable si todos concuerdan en estar obligados a él. Pero (U) por sí solo no es suficiente, pues habría varias maneras de conseguir un consenso universal no todas requieren apelar a nuestra habilidad para comunicarnos. Este modo kantiano de resolver problemas morales es que en realidad no requiere que las personas se comuniquen unas con otras, y podría realizarse por un individuo aislado, en un acto de razonamiento monológico. Allí aparece el otro principio, el de discurso, (D), que especifica que la validez normativa depende del acuerdo de todos por el hecho de participar en un discurso práctico (es decir, moral); es decir, que sólo cuenta el acuerdo que está basado en un debate abierto y racional. En otras palabras, sólo pueden reclamar validez aquellas normas que cuenten con el asentimiento de todos los afectados como participantes en un discurso práctico. Para hablar más precisamente de la naturaleza del discurso,

> se permite que tomen parte a todos los hablantes y actores competentes; cada uno puede cuestionar todo lo

que se diga y puede introducir nuevas afirmaciones (incluso las de actitudes, deseos y necesidades) en la medida en que lo considere adecuado, y ningún hablante puede ser obligado a retener o retirar su participación. Si se llega al consenso a través de amenazas explícitas o implícitas a los participantes, o si el discurso se estructura de tal manera que ciertos asuntos no puedan tratarse, entonces no hay validez moral. (A. Edgar, *Habermas. The key concepts*, pp. 45-6)

La ética del discurso propuesta por Habermas, por situarse en el contexto de una teoría de la comunicación, tiene diferencias respecto de la visión kantiana; mientras que el modelo de la filosofía de Kant es el de un sujeto solitario que se relaciona con los entes en el mundo como objetos de conocimiento, o como medios para fines, la ética discursiva apela al modelo de la intersubjetividad, donde el lenguaje y su uso se transforman en el medio común para las subjetividades. Otra diferencia es que abandona la doctrina de los dos reinos; no hace la distinción entre reino de lo inteligible al que pertenecen el deber y la voluntad libre, y reino de lo fenoménico, que abarca cosas las inclinaciones, los motivos puramente subjetivos y las instituciones del estado y la sociedad. Y una más es que la ética del discurso supera el planteamiento monológico de Kant, que requiere que cada persona realice un experimento de pensamiento en la privacidad de su mente y se pregunte si su máxima de acción puede ser pensada como ley universal para la humanidad. La ética discursiva sólo espera un entendimiento sobre lo universal de sus intereses como resultado de un discurso público efectivamente organizado y ejecutado en términos intersubjetivos. En lugar de preguntar si puedo considerar mi máxima como ley universal para los otros sin contradicción -lo que hace Kant- la ética del discurso pregunta si todos los afectados por la adopción de una misma propuesta acordarían su observancia general a la luz de consecuencias similares. En lugar de preguntar qué principios de justicia escogería un observador, la ética del discurso pregunta qué principio de justicia escogerían todos después de haber transformado dialógicamente sus intereses particulares en intereses generalizables.

De la misma manera que la acción comunicativa, el discurso es una actividad gobernada por reglas, entre ellas las que demandan máxima inclusión, libertad e igualdad de las partes. La razón por la que los hablantes asumen este modelo de justificación (aunque sea tácitamente) es en parte un resultado de la clase de sociedad en que vivimos; en una sociedad moderna donde los individuos tienen libertad para iniciar una acción, cada agente competente es racionalmente responsable de sus acciones. Se asume que las personas cooperan de manera voluntaria unas con otras sobre la base de razones que son al menos aceptables, si no fuertemente compartidas por las partes involucradas. Es cierto que la manipulación es una realidad siempre presente en las relaciones sociales, pero el supuesto es que en una sociedad racional como la moderna no hay acción social impuesta. De aquí que el ideal de acuerdo racional parezca ser la norma de la interacción.

Con respecto a las reglas que gobiernan el discurso, se distinguen tres niveles; en el primero están las reglas lógicas y semánticas básicas, como el principio de no contradicción y el requisito de consistencia. En el segundo están las normas que regulan los procedimientos, tales como el principio de sinceridad que pide que cada participante afirme sólo lo que cree. En el tercero, las normas que inmunizan el proceso del discurso contra la coerción, la represión y la desigualdad, que aseguran que sólo gane la fuerza del mejor argumento. Esto incluye reglas tales como: se permite tomar parte en el discurso a todo sujeto competente; todos pueden cuestionar una afirmación y todos pueden introducir aseveraciones, expresar actitudes, deseos y necesidades; nadie puede ser prohibido, por coerción interna o externa, de ejercer sus derechos. Estas reglas son presuposiciones pragmáticas porque están implícitas en la práctica del discurso; como las demás reglas, se pueden seguir sin tener incluso a capacidad de decir qué son; pero son necesarias porque nadie que participe en el discurso puede evitarlas. Entrar en el discurso es establecer el compromiso de ser sincero, de justificar los enunciados propios, de no entrar en contradicción, de no excluir a los otros, etc. La diferencia con respecto a las reglas de los juegos de lenguaje o las de la lengua es que las del discurso no son constitutivas: en tanto "que las reglas del ajedrez determinan una praxis de juego verdadera, las reglas del discurso son únicamente una forma de la representación de supuestos pragmáticos de una praxis de discurso concreto que se aceptan tácitamente y se conocen de modo intuitivo". (Ética del discurso. Notas sobre un programa de fundamentación, p. 115)

Para Habermas la fuerza de la ética del discurso cae en gran parte en el hecho de que es una teoría cognoscitiva; esto es, presupone que el juicio moral se puede justificar por medio de argumentos. Por lo tanto, se opone explícitamente a todas las formas de emotivismo, que argumenta que todas las formas morales son a fin de cuentas meras aserciones de opinión subjetiva, y como tales están fuera del alcance de debate racional. Pero también es formal en la medida en que trata acerca de procesos, no de resultados sustantivos. Sin embargo, en sí misma tiene otra implicación, porque significa que las personas que se comprometen en un discurso moral traen con ellas una buena parte de su bagaje cultural que adquirieron de su mundo de la vida. Es decir, que quienes toman parte en el discurso moral no son puramente racionales, sino seres humanos reales, formados con personalidades concretas por sus experiencias personales y su crianza. Y es precisamen-

165

te la concreción y diversidad de esas experiencias personales, valores y necesidades lo que da valor al discurso práctico.

En suma, en las sociedades modernas no hay alternativa para la comunicación y el discurso como medio de resolver los conflictos. Por ello, a la pregunta sobre cómo es posible el orden social, Habermas responde que en las sociedades actuales el orden descansa en la acción comunicativa (es decir, en acciones coordinadas por reclamos de validez) y en el discurso; juntos ayudan a establecer y mantener la integridad social, proporcionan el cemento que une la sociedad.

Conclusiones. Hacia una ética del diseño

Hay autores de textos relacionados con el diseño que se han aventurado a plantear la necesidad de una perspectiva ética en este campo; uno de ellos es Mitcham, quien sostiene que la crítica estética y la lógica del diseño deben complementarse con la introducción de una ética en los estudios de diseño. (C. Mitcham, "Ethic into design", p. 174) Sin embargo, su concepción de esta disciplina sigue siendo un poco vaga, muy apegada la noción tradicional (explícitamente dice que en la base de su visión está la ética aristotélica), ya que, si, según él, la lógica intenta articular y reflejar guías el pensamiento, la ética tiene la función de articular y reflejar guías para la actividad humana. Por tanto, dice que cada tradición de diseño desarrolla su propio ethos profesional, lo que constituye una ética implícita de diseño. (p. 182)[57] La postura que en estas páginas hemos asumido con respecto a la ética y la moral va por otro camino con una visión con respecto a la tradición, que proviene de la perspectivas de Kant y la teoría de la acción comunicativa.

Optar por la teoría de la acción, como hemos hecho a lo largo del texto, se justifica aquí porque defiende una postura ética (o más bien moral, como ya se explicó), que es la base de una teoría social crítica; desde ese punto de vista de la moral,

---

[57]Poco antes había señalado que "no sólo diferentes diseños encierran (implícita o explícitamente) distintos supuestos sociopolíticos y visiones de la vida, sino que el diseño en sí mismo constituye una nueva manera de guiar o de llevar a diferentes mundos de la vida tecnológicos". (p. 179)

las expresiones que se utilizan asumen lógicamente que existe respeto mutuo entre los agentes y que éstos son libres e iguales. También asume que sólo pueden ser válidas las normas morales que todas las personas libremente aprueban o consienten. Por otro lado, dice lo que estamos obligados a hacer para llegar a un acuerdo acerca de las normas morales válidas; sin embargo, su camino no es señalar o prescribir algún tipo particular de acciones, o alguna acción moral específica, sino mostrar que no se puede renunciar a la obligación de llegar al acuerdo sobre normas morales si queremos interactuar con los demás de una manera racionalmente responsable. Para ello se requiere entrar al discurso. Vamos a hacer una rápida revisión de lo necesario para llegar a este último concepto, discutido en el capítulo cinco.

En varias partes de este texto hemos hecho a alusión al diseño usando el nombre "práctica proyectual"; con ese nombre se quiere acentuar su característica de actividad, de acción, aunque el término "práctica" sea criticable por su abstracción: siempre se ha dicho que no existe la práctica en general, sino las prácticas, concretas e individuales, aun cuando todas puedan englobarse en esa misma totalidad compleja que es la práctica social, que abarca varias modalidades, entre las cuales se encuentra precisamente la práctica proyectual, cuyos productos son los objetos, ambientes, espacios. Todos los niveles de existencia social son lugares de realización de prácticas distintas; lo que las distingue entre sí es la naturaleza tanto de su materia prima y sus medios de producción como la de sus resultados. El producto de esta práctica particular es el entorno, el medio ambiente diseñado.

No obstante, el concepto de práctica proyectual sigue siendo una abstracción y no puede hacerse equivalente al trabajo real y concreto de producción o de configuración del entorno, puesto que en este trabajo intervienen diversos tipos de prácticas. En otras palabras, habría que entenderla como un proceso en el cual participan varias modalidades de la práctica social, entre ellas como las técnicas, las económicas, las políticas, etc.; en el cual todas se orientarían hacia la modificación del entorno humano. Caracterizar esta práctica sólo por lo económico, por tanto, es insuficiente para definirla puesto que ninguna actividad es susceptible de explicarse a partir de un solo lado; ni siquiera la simple operación de compra y venta es puramente económica: aun cuando la producción de medios de subsistencia sea un factor fundamental en la reproducción de una sociedad, ésta está configurada por una relación compleja y desigual de elementos contradictorios entre sí, de modo que esa operación de compra y venta de un producto, además de su rasgo económico, está sometida también a un factor jurídico pues el cambio entre valores equivalentes (entre un determinado producto y una determinada cantidad de dinero) sólo puede realizarse entre dos personas si previamente se consideran uno al otro como propietarios iguales y legítimos, ya que no hay contrato sin 'acuerdo de voluntades' y por tanto, sin representación del otro y de su libre capacidad de disposición de las cosas. Si eso ocurre en un proceso tan simple, una actividad tan compleja como la proyectual no podría reducirse sólo a la producción de valores de uso o a incrementar las ganancias. Un estudio riguroso de este ámbito requiere, en consecuencia, investigar de qué manera inciden todos esos factores, pero sobre todo los que se refieren a la significación; en resumen, se trata de ver cómo se articulan todas las modalidades de la práctica social que configuran eso precisamente: lo social, que es lo mismo que decir lo humano.

Esta postura ya está suficientemente reconocida por los teóricos del diseño por lo que no es necesario insistir. Tampoco hay duda que los objetos son portadores de significaciones

169

sociales y de jerarquías culturales y sociales; sin embargo, éste no siempre ha sido el caso en todos los momentos históricos ya que, como señala Baudrillard, el objeto, entendido como concepto, es propio de las culturas posteriores a la revolución industrial, pues

> no comienza verdaderamente a existir sino con su liberación formal en tanto que función-signo, y tal liberación no llega sino con la mutación de esta sociedad propiamente industrial en lo que podría llamarse nuestra tecnocultura, con el paso de una sociedad metalúrgica a una sociedad semiúrgica, es decir, cuando comienza a plantearse, más allá del status de producto y de mercancía (más allá del modo de producción, de circulación y de intercambio económico) el problema de la finalidad de sentido del objeto, de su status de mensaje y de signo (de su modo de significación y de intercambio/ signo). Esta mutación se esboza a lo largo del siglo XIX pero es la Bauhaus la que la consagra teóricamente. (J. Baudrillard, *Crítica de la economía política del signo*, p. 224)

El objeto es, pues, comunicación y significación. Con el nacimiento de la Bauhaus se consolida del estatus de sentido: antes de ella no hay objetos pero a partir de allí, todo entra en esa categoría y todo será producido como forma asociada con un sentido. En esa universal semantización del entorno, todo se convierte en susceptible de cálculo tanto en lo que toca a su función como a su significación. Desde una cuchara hasta una ciudad; todo posee significado, todo el entorno es semantizable.[58] Al hacer posible concebir racionalmente todo

---

[58]Margolin propone entender el diseño "de una manera suficientemente amplia que incluya edificios y programas de identidad corporativa, cucharas y ciudades, software de computadoras y sistemas de salud,..." y dice que con ello se añade al diseño una dimensión nueva y necesaria a nuestra reflexión como una práctica soicial. Y continúa: "Pensar en todos

el entorno, la Bauhaus es paralela a la revolución industrial: si ésta marcó el nacimiento de la teoría sistemática y racional de la producción industrial, la "Bauhaus marca la extensión teórica del campo de esta economía política y la extensión práctica del sistema de valor de cambio a todo el dominio de los signos, de la forma y los objetos". (Baudrillard, p. 226) Y el paralelismo está en que, por un lado, el trabajo humano se libera de sus determinaciones primitivas para convertirse en una fuerza productiva, susceptible de calculo racional de producción; por otro, el entorno, el espacio social se vuelve significante, se libera de toda implicación mítica o religiosa para convertirse en objeto de un cálculo racional de sentido. A partir de ese momento en que el diseño se consolida, los objetos obtienen un estatus de signo al mismo tiempo que nacen a la funcionalidad.

Hablar de semantización universal del entorno quiere decir que todos los objetos, las imágenes, los espacios, etc., se asocian con un sentido. En este mundo diseñado en el que vivimos, continuamente nos enfrentamos a sus elementos como portadores de significación y por ello estamos continuamente haciendo interpretaciones; es decir, haciendo hermenéutica.[59] Como está fuera de los objetivos de estas conclusiones hacer una revisión de cuáles son los alcances, límites, objetivos, etc., de esta disciplina, vamos a continuar con la argumentación sobre el mundo de los objetos o, si se quiere, el mundo de la cultura en general. Cuando nos enfrentamos a cualquier instancia del mundo diseñado, a cualquier objeto cultural, nuestra primera reacción, lo que dispara nuestros mecanismos interpretativos, es el hecho de que, aun cuando sea de

---

esos productos como diseñados nos hace más concientes de que han sido concebidos, discutidos y planeados, antes de ser hechos". ("The product milieu and social action", p. 122)

[59]Recordemos que Habermas denomina a las ciencias humanas en general ciencias hermenéutico-históricas.

manera no explícita, surgen en nuestra mente algunas interrogantes. Como se dijo en el capítulo anterior, las preguntas por la inteligibilidad de los contenidos se responden por medio del conocimiento del mundo puesto que tal tipo de preguntas corresponden a lo inteligible de ese objeto, a qué tanto lo entiendo.

Lo relativo a la inteligibilidad de los mensajes, de los objetos, de las imágenes, etc., tiene relación solamente con los contenidos, por lo cual este aspecto no presenta en realidad demasiada complejidad ya que se resuelve con una interpretación que sólo requiere informaciones, sólo conocimientos del mundo externo. También aparecen cuestiones relativas relativas a la verdad de los contenidos expresados, las cuales se resuelven no sólo con informaciones sobre los hechos sino también con explicaciones. Las preguntas relacionadas con la autoridad de quien habla, de quien enuncia o expresa, con los papeles sociales, con las normas que indican quién puede y quien no está autorizado a decir algo, sólo pueden tratarse bajo la forma de justificaciones, puesto que con ellas lo que se cuestiona es la rectitud de quien enuncia. Finalmente, están las cuestiones acerca de la sinceridad de quien habla o de quien enuncia, las cuales hacen ver que, toda vez que se pone en cuestión algún asunto relacionado con la comunicación verbal, aparece la necesidad de vincularlo con ciertas perspectivas que conducen a la ética.

Cuando se quiere evaluar la eficacia de los objetos o imágenes de nuestro mundo diseñado, o si los participantes en una interacción quieren que su comunicación tenga éxito, tendríamos que pensar ambas situaciones (que en realidad es una sola) con respecto a las cuatro dimensiones señaladas en el párrafo anterior: inteligibilidad, verdad, rectitud y veracidad, dimensiones que son las que Habermas denomina reclamos de validez o pretensiones de validez de los actos o de las acciones comunicativas, y que son construidas por los sujetos participantes, aunque sea de una manera implícita, pero pueden plantearse o cuestionarse o discutirse explícitamente. Se satisfacen esos cuatro reclamos de validez, primero, cuando lo que se dice es inteligible o comprensible (que es el mínimo requisito que deben cumplir), o sea, que lo que se dice debe ser significativo, y para ello todos deben compartir el mismo lenguaje y tener un conocimiento suficiente de sus aspectos particulares para mantener la comunicación. Si digo algo que el otro no entiende, para mantener la comunicación necesito ser capaz de hacer una paráfrasis para que lo entienda. Segundo, cuando su contenido es verdadero, si hay correspondencia con respecto a los contenidos objetivos del mundo. Tercero, por el hecho de que al hacer un enunciado se inicia una relación social, todos necesitan concordar que quien habla tiene el derecho de decir lo que dice, puesto que la comunicación no trata sólo del uso de las palabras correctas, incluso de decir algo que en sí mismo es coherente y significativo, sino también de cuándo y dónde decirlo. Algunas veces ciertas expresiones son inapropiadas o simplemente prohibidas. Finalmente, como no toda acción o enunciado está hecha necesariamente con sinceridad o muchas veces se actúa o se habla en broma, o con ironía, o simplemente se miente, quien la realiza debe hacerlo sinceramente, sin intenciones de engañar.

En resumen, cuando digo o hago algo, afirmo de modo más o menos implícito acerca de la naturaleza del mundo que me rodea, de mi derecho a hacerlo, de mi estado subjetivo y de la coherencia de lo que estoy haciendo o diciendo. De la misma manera, el oyente asume que lo que digo sobre el mundo es correcto, que tengo derecho a expresarlo, que soy sincero, y que lo que digo tiene sentido. Sin estos supuestos, no hay comunicación ni interacción.

En este punto se podría decir que estos reclamos o aspiraciones de validez son para las acciones comunicativas, y cuestionar que los hechos que configuran nuestro entorno, es decir, que los productos de la actividad del diseñador sean acciones. Creo que los argumentos de los capítulos cuatro y cinco abogan en favor de una respuesta afirmativa: todo objetos, imagen, texto, etc., es una acción de algún tipo porque tiene sentido, y puede ser una acción comunicativa porque aspira a tener validez en alguno de los tres mundos; es decir, aspira a ser verdadero, a cumplir con las reglas sociales y a ser verazmente expresado. Es claro que no todo producto diseñado es una acción comunicativa; muchos son sólo acciones instrumentales, es decir, es un producto de reglas técnicas que expresa un saber sobre las leyes de la naturaleza y se reduce a la manipulación de objetos orientada a la consecución de un fin. Hacer una mesa o usar un programa de cómputo son acciones instrumentales; en ambos casos, el agente posee un saber implícito de una serie de reglas técnicas, cuya aplicación exige una actitud objetivamente ante el mundo. En esta acción, el sujeto adopta frente a los objetos una relación unilateral, orientada exclusivamente a conseguir un fin.

El objeto diseñado puede también una acción estratégica, la cual, como la anterior, también está orientada hacia un fin u orientada hacia el éxito, pero en ésta el éxito o la eficacia no se mide por la manipulación de algo en la naturaleza, sino en la capacidad de influir en las decisiones de otras personas. Ejemplos de esta acción en el ámbito del diseño son los anuncios publicitarios, la propaganda política, en fin, todo ese amplio campo de los mensajes que utilizan procedimientos retóricos para exclusivamente mover y conmover. Una gran cantidad de objetos, imágenes, etc., que invaden nuestra vida cotidiana se sitúan precisamente en el grupo de acciones estratégicas. Las reglas que están en la base de estas acciones suponen enunciados sobre relaciones entre valores, fines y medios, sobre la base de preferencias y máximas de decisión adoptadas. El éxito de la acción estratégica no se mide por la manipulación (orientada a conseguir un fin) de algo en el mundo, sino por el influjo indirecto que ejerce sobre las decisiones de otra persona. La aplicación de las reglas de esta acción exige también una competencia, un saber empírico sobre las posibilidades de decisión de aquellos en los que se quiere influir, así como el espacio de opciones que ofrece la situación dada. De la misma manera que la acción instrumental, la acción estratégica es unilateral y monológica; es decir, no promueve el diálogo.

Según Weber, tanto la acción instrumental como la estratégica se engloban bajo el nombre de acciones orientadas a fines, o teleológicas, y están gobernados por reglas específicas. Pero Habermas llama teleológicas a las acciones en las que el agente hace que se produzca el estado de cosas deseado por medio de la elección de los medios más adecuados en una situación dada. Aquí, lo que importa es la decisión entre alternativas para obtener el propósito, la cual se apoya en la interpretación de la situación. La acción teleológica se convierte en estratégica cuando interviene la expectativa de al menos otro agente, que también intenta realizar sus propósitos. En este modelo de acción el actor elige y calcula medios y fines para de obtener la máxima utilidad.

Los productos de diseño también pueden ser acciones de otro tipo, de aquellas que obedecen a reglas sociales y cuyo contenido se objetiva en expresiones simbólicas. En estas acciones los actores no participan aisladamente sino como miembros de un grupo social orientados por valores comunes. Allí, las reglas expresan un acuerdo vigente en un grupo social, que expresan un acuerdo existente en el grupo social de que se trate y cada uno de los integrantes del grupo donde rige una norma dada espera que se ejecuten las acciones obligato-

175

rias y se omitan las prohibidas. En resumen, las reglas de la acción instrumental y de la teleológica operan sobre objetos que pueden manipularse; las de las acciones estratégicas actúan sobre las decisiones de otras personas; las de la acción social operan sobre las interacciones humanas. Tanto las reglas instrumentales como las estratégicas son aprendidas, y lo mismo pasa con las normas sociales, pero el aprendizaje de las reglas técnicas y estratégicas proporciona habilidades y destrezas, mientras que el aprendizaje o interiorización de las reglas convierte al individuo en un ser social.

Hemos visto también que existe otro tipo de acción en la cual, quien la ejecuta se pone en escena ante los demás participantes, pone al descubierto el conjunto de sus propios sentimientos o emociones; es decir, pone su subjetividad al desnudo. Es éste el caso de ciertos productos, como los artísticos, en los cuales el productor se muestra él mismo, pone al descubierto sus más íntimos deseos, obsesiones, delirios, etc.; algo de esto aparece también en los productos de la acción del diseñador. Finalmente, los objetos de nuestro entorno diseñado pueden ser también acciones comunicativas; es decir, que en ellas se presupone la interacción de por los menos dos sujetos, capaces de lenguaje que, ya sea por algún medio, verbales o no verbal, entablen una relación interpersonal. Aquí las actividades de los actores no se coordinan por medio de intereses particulares ni por finalidades externas, sino a través del entendimiento. Con ello, la relación que entablan pretende ser no unilateral sino dialógica, y el proceso culmina en un saber compartido por los participantes.

Hemos visto también que el entendimiento es el proceso de obtención de acuerdo entre sujetos competentes, el cual tiene que ser aceptado como válido por los participantes; por tanto, se mide por reclamos de validez que pueden ser sometidos a crítica. Estos reclamos (que, repito, son el carácter inteligible, la verdad proposicional, la rectitud normativa y la veracidad expresiva), caracterizan diversas categorías de un saber que se encarna en las manifestaciones simbólicas.

Otro tema ya discutido es que los actos comunicativos mantienen relaciones diversas con la realidad; primero, con la realidad externa, con el mundo de objetos y de acontecimientos sobre los cuales pueden hacerse manifestaciones verdaderas o falsas, segundo, relaciones con la realidad interna, con el mundo propio de experiencias intencionales del autor, que pueden ser expresadas verazmente o no; y tercero, relaciones con la realidad normativa de la sociedad, con el mundo social de valores y normas compartidas, de roles y de reglas a las cuales puede o no ajustarse y que pueden ser a su vez correctas (legítimas, justificables) o incorrectas. Por tanto, si un objeto diseñado tiene realmente los rasgos de una acción comunicativa, entonces debe hacer participar no sólo los aspectos relativos a la inteligibilidad del mensaje sino otros más profundos; por tanto, la capacidad de los sujetos participantes (de los sujetos competentes) no se puede reducir sólo a expresar el mensaje de manera que éste sea comprendido. La capacidad de los sujetos para participar en acciones comunicativas (su competencia comunicativa) no se reduce a saber expresar correctamente un mensaje ya que que comunicarse es ponerse en relación con el mundo externo, el mundo social (el compartido con los demás sujetos) y el mundo interno, el de las propias intenciones, sentimientos y deseos. En cada una de estas dimensiones el sujeto aspira a tener validez sobre lo que dice, lo que implica o lo que presupone.

Estas aspiraciones sirven para precisar las actitudes expresadas por el sujeto, las cuales son, primero, una actitud objetivante acerca de algo que ocurre en el exterior; segundo, una actitud expresiva, en la cual el sujeto descubre ante los otros algo de su interior; y tercero, una actitud de observancia de las normas de comportamiento del grupo social al que él mismo pertenece. Estas actitudes corresponde a cada uno de los tres mundos: a) el objetivo o externo, que es el fragmento objetivado de la realidad, el trasfondo sobre el que pueden revelarse las opiniones como verdaderas o falsas, o pueden evaluarse las intenciones como viables o no; el horizonte sobre el cual los sujetos se entienden al actuar comunicativamente y que está formado por convicciones, más o menos difusas pero que no se cuestionan; b) el mundo social, que es el fragmento de sociedad simbólicamente preestructurado; a él pertenecen las frases y acciones, las instituciones, tradiciones y valores culturales; y, c) el mundo interno expresado en vivencias individuales.

Realiza una acción comunicativa no es adoptar sólo una de estas actitudes; no es actuar en uno solo de estos mundos, sino en los tres. El agente no solamente se refiere a algo del mundo objetivo o algo de su mundo social o a un fragmento de subjetividad de su propio mundo, sino que se refiere simultáneamente a los tres mundos. Esto permite hablar de los tipos de acción en relación con los mundos en que participan. En la acción instrumental, en la que el actor realiza un fin o hace que se produzca un estado de cosas, lo importante es la decisión entre opciones para alcanzar un propósito. Esta acción se convierte en estratégica cuando interviene al menos otro agente; por tanto, esta acción sólo se relaciona con el mundo externo puesto que el otro es parte del mundo objetivo. En la teleológica se asumen relaciones entre un actor y un mundo de estados de cosas existentes, representados por enunciados declarativos, es decir, que dan cuenta de un estado de cosas; también pueden estar representadas por un primitivo anuncio publicitario que sólo diga " compre x" o "beba y" o "vote por z"; es decir, puede hacer afirmaciones verdaderas o falsas, puede realizar intervenciones con éxito o sin él.

Estas relaciones entre actor y mundo provocan manifestaciones que pueden juzgarse de acuerdo con criterios de verdad o de eficacia. Por tanto, la acción teleológica (como la estratégica) presupone un solo mundo, el objetivo. En las acciones reguladas por normas sociales está presente tanto el mundo objetivo como el mundo social al que pertenece el actor como sujeto portador de un rol. En ella, además del mundo objetivo del estado de cosas, está el mundo social, que contiene un contexto normativo que determina cuáles son las acciones legítimas y cuáles no lo son. La acción donde se manifiesta específicamente el mundo interno se refiere a participantes en una interacción en la cual el agente se pone a sí mismo en escena; aquí sólo aparecen el mundo interno y el externo.

En la acción comunicativa, que se refiere a la interacción de al menos dos sujetos que entablan una relación interpersonal en la cual tratan de entenderse, están presentes los tres mundos puesto que los participantes se refieren al mismo tiempo a algo del mundo objetivo, a algo del mundo social y a algo del mundo subjetivo para llegar a un acuerdo. En ella los participantes contraen relaciones con el mundo de manera reflexiva al integrar los tres mundos, que en las otras acciones aparecen separados, y este sistema integrado es un marco para la interpretación compartida dentro del cual se llega a la comprensión.

El lenguaje verbal se relaciona de modo diverso con los distintos tipos de acción. En la teleológica el lenguaje es un medio más por el cual los sujetos se orientan al éxito de su empresa, esto es, influir sobre los otros; en la normativa, aparece como un medio para transmitir valores culturales o como portador de consenso que se ratifica en cada acto; en la dramatúrgica, es un medio en el que ocurre la escenificación y que puede ser asimilado a formas estilísticas de expresión. Por tanto, en los tres tipos su uso es unilateral y monológico, lo que se manifiesta en el tipo de comunicación que se privilegia en cada uno: en el primero se entiende la comunicación sólo como entendimiento indirecto de aquellos que sólo pretenden la realización de sus propios fines; en el segundo, como acción consensual de aquellos que se limitan a actualizar un acuerdo normativo ya existente; y en el tercero, como escenificación destinada a espectadores. En cada caso sólo aparece una función del lenguaje verbal: en el primero, es provocar efectos, en el segundo, establecer relaciones interpersonales, y en el tercero, expresar vivencias y emociones personales. Pero en la acción comunicativa están presentes todas las funciones: allí el lenguaje es un medio comunicativo por el cual los dos participantes del acto se refieren, simultáneamente, desde el horizonte de su mundo de vida, a algo en el mundo objetivo, a algo en el mundo social y a algo en el mundo subjetivo, para llegar a un acuerdo compartido sobre la situación.

Un objeto, un producto diseñado, no es sólo resultado de un tipo de acción; cualquier producto de diseño gráfico, por ejemplo, es antes que nada resultado de una o varias acciones instrumentales, puesto que en ellos se aplican reglas técnicas composición, de técnicas tipográficas, etc. Pero, además, es obvio que también ejercen una influencia sobre sus receptores, les provocan sensaciones, los inducen a hacer cosas, les dan informaciones (es decir, los hacen saber cosas), los hacen creer, etc., por lo que podríamos decir que son manifestaciones de una acción estratégica; en este sentido, si solamente hacen eso, ejercer algún efecto sobre sus lectores o receptores, entonces estos productos son monológicos y actúan unilateralmente. Una gran cantidad de los mensajes que producen los diseñadores gráficos, no importa el género de que se trata, están orientados hacia la manipulación de los demás. Sorprende, por tanto, la pequeña cantidad de objetos orientados hacia el entendimiento y el consenso. Si fuéramos estrictos, tal vez no encontraríamos uno solo de estos productos que fuera cabalmente una acción comunicativa, una manifestación simbólica orientada al entendimiento, destinado a producir consenso. En ellos, la finalidad más patente es que el mensaje sea lo más claro y legible que se pueda, que no quede duda ni ambigüedad sobre los contenidos. Por tanto, esos productos son marcadamente estratégicos, orientados hacia fines. En los mensajes publicitarios, cuya finalidad es el consumo de algún producto o de algún servicio, ésta puede no ser evidente, sobre todo en la publicidad moderna, pero una lectura atenta atenta muestra que incluso en ellos la finalidad última es hacer consumir, por tanto, se trata fundamentalmente de una acción estratégica, de la misma manera que lo sería una propaganda política.

Es tiempo de pasar a discutir la concepción ética aquí presupuesta, que a su vez requiere sintetizar la de discurso. Como se ha visto, el reclamo de validez es la garantía de que el que habla puede dar razones que convenzan al otro para aceptar lo que dice; casi siempre esa garantía basta para coordinar las acciones y llegar a la comprensión y al consenso. Pero cuando el oyente rechaza algún reclamos y pide al hablante más razones para validarlo, hay entonces desacuerdo entre los interlocutores y se pasa a la discusión, es decir al discurso, que es comunicación en segundo grado; ambos suspenden la acción y se comprometen en un diálogo donde se cuestionan las garantías del reclamo en cuestión. En síntesis, el discurso se inicia cuando el oyente cuestiona uno o más de los reclamos de validez del hablante para que éste los justifique; su función es reparar el consenso roto y restablecer las bases racionales del orden social. Discurso no es cualquier actividad lingüística sino que se trata de la práctica común de argumentación y justificación tejida en la vida cotidiana y es el mecanismo para regular los conflictos en las sociedades modernas. Y es propio de estas sociedades porque en éstas las personas se ven a sí mismas como individuos racionalmente responsables de ellos y de los otros; por la complejidad de estas sociedades, por desempeñar diferentes roles, las personas aprenden a evitar el conflicto,a tolerar a los otros y a respetar el derecho universal de los demás de pensar lo que quieran.

Los miembros competentes de la sociedad disponen de un conjunto de reglas para comunicarse entre sí y por lo tanto para crear y mantener relaciones sociales; en ellas se reconoce una dimensión moral ya que todo lo que alguien dice o hace puede ser cuestionado o criticado desde el punto de vista de la verdad de lo dicho, de la sinceridad o de la veracidad; también en cuanto al derecho a decir lo que se dice o hacer lo que se hace, por lo cual se entra al campo de la ética. Una vez que se entra en el campo del discurso, la validez de la afirmación se trata como una mera hipótesis y puede someterse a crítica y defensa, y de la posibilidad de tener que defender la legitimidad de lo que expresa un hablante competente emerge la ética del discurso. La idea de ética del discurso surge así como un elemento necesario para la teoría crítica, como una poderosa herramienta para identificar lo correcto o incorrecto en los debates morales actuales.

La ética discursiva no intenta proponer soluciones a los problemas morales; esa tarea de encontrar soluciones corresponde a las personas que serán afectadas por esa solución y que tendrán que vivir con ella. Lo que sí pretende es que el proceso a través del cual se alcanza esa solución, sea el que sea, sea justo, pero con esa idea en mente, que habla acerca del proceso de tomar esa decisión moral, no del producto. Para ello apela a reglas y principios que reconstruyen nuestra competencia moral. Ya hablamos de los dos principios: el de universalización y el de discurso.

El primero sostiene que las decisiones morales son válidas sólo si todos los afectados pueden darles su consentimiento. Todos deben reconocer las consecuencias de la decisión y la deben preferir sobre las consecuencias de cualquier otra decisión. Es esto lo que está presente en la filosofía moral de Kant, para quien un principio moral sólo puede ser aceptable si todos concuerdan en estar obligados a él. Pero no basta, pues hay varias maneras de llegar al consenso, y no todas apelan a la moral o no todas requieren de la habilidad de comunicación. No podemos quedarnos sólo con esa postura kantiana respecto a los problemas morales porque para él no se requiere interacción con otras personas; un principio moral no puede elaborarse por un individuo aislado, en un acto de razonamiento monológico. Para ello es necesario el principio de discurso, que dice que la validez normativa depende del acuerdo de todos como participantes en un discurso, es decir, que sólo cuenta el acuerdo que está basado en un debate abierto y racional, con lo que se asume que todos los hablantes y actores competentes deben tomar parte en él; que cada uno puede cuestionar todo lo que se diga e introducir nuevas afirmaciones (incluso aquéllas que hablan de sus actitudes, deseos y necesidades) en la medida en que lo consideren adecuado, y ningún hablante puede ser obligado a retener o retirar su participación. Por tanto, si se llega al consenso a través de amenazas explícitas o implícitas, o si el discurso se estructura de manera que ciertos asuntos no puedan tratarse, entonces no hay validez moral.

La gran fuerza de esta postura ética está, al menos en parte, en que es una teoría cognoscitiva, es decir, que asume que el juicio moral se puede justificar por medio de argumentos, con lo cual se opone a todo argumento de que las formas morales no son a fin de cuentas más que meras afirmaciones de opiniones subjetivas, y que, como tales están fuera de

183

todo debate racional. Queremos cerrar este escrito con una insistencia en que la actividad proyectual es, o puede ser, un tipo de acción comunicativa y que, como tal, está sometida a normas o reglas de varios tipos; entre ellas, reglas técnicas y de otro tipos que regulan las acciones orientadas hacia fines; pero también reglas sociales, que no sólo regulan los turnos en la comunicación, sino también asignan los lugares en el circuito de comunicación y aseguran el derecho de expresión. Como acción comunicativa, involucra dos partes que están en un diálogo continuo en el cual cada uno reconoce los derechos del otro, con lo cual se hace posible la bidireccionalidad en la comunicación. Finalmente, que cada parte en el diálogo es responsable por sí misma y por la otra.

Referencias

Robert Alexy, *Teoría de la argumentación jurídica*, trad. M. Atienza e I. Espejo, Madrid, Centro de Estudios Constitucionales, 1977.

Hannah Arendt, *The human condition*, University of Chicago Press, 1998 [1958].

Giulio Carlo Argan, *Walter Gropius y la Bauhaus*, Barcelona: Gustavo Gili, 1983.

Gaston Bachelard, *La formación del espíritu científico. Contribución a un psicoanálisis del conocimiento objetivo*, Barcelona, Planeta, 1985.

Gaston Bachelard, *La filosofía del no*, Buenos Aires, Amorrortu, 2010.

Jean Baudrillard, *Crítica de la economía política del signo*, México: Siglo XXI, 1977.

Geoffrey Broadbent, *The rationalists. Theory and design in the Modern movement*, Londres: Architectural Press, 1978.

Jacob Bronowski, *El sentido común de la ciencia*, Barcelona, Península, 1978.

Jacob Bronowski, *Los orígenes del conocimiento y la imaginación*, Barcelona, Gedisa, 1981.

Richard Buchanan, Wicked problems in design thinking, en *Design Issues*, vol. VIII, 2, 1992.

Karl Bühler, *Teoría del lenguaje* (trad. Julián Marías), Madrid, Alianza Universidad, 1985 [1934].

Ernst Cassirer, *Antropología filosófica: Introducción a una filosofía de la cultura*, México, FCE, 1977.

Ernst Cassirer, *La filosofía de las formas simbólicas*, México, FCE, 1971.

René Descartes, *Meditaciones metafísicas*, edición electrónica de la Escuela de Filosofía Universidad ARCIS (www.philosophia.cl), trad. José Antonio Migues.

Wilhelm Dilthey, *Introducción a las ciencias del espíritu*, v. I de *Obras de Wilhelm Dilthey*, trad. E. Imaz, México, FCE, 1949 [1883],

Gillo Dorfles, *El diseño industrial y su estética*, Barcelona: Labor, 1968.

Émile Durkheim, *Las reglas del método sociológico*, trad. E. de Champourcín, México, FCE, 2001 [1895].

Andrew Edgar, *Habermas. The key concepts*, Londres-Nueva York, Routledge, 2006.

Anthony Giddens, *Sociología*, Madrid, Alianza Universidad, 1991.

Walter Gropius, "Recommendations for the founding of an educational institution as an artistic counseling service for industry, the trades and the crafts", en Hans M. Wingler, *The Bauhaus. Weimar-Dessau-Berlin- Chicago*, Cambridge: The MIT Press, 1980.

W. Gropius, "Principles of Bauhaus production" (1926), en H. M. Wingler, *The Bauhaus, Weimar-Dessau- Berlin-Chicago*, op. cit.

Jürgen Habermas, *Conocimiento e interés*, Madrid: Taurus, 1982 (publicado originalmente en 1968).

Jürgen Habermas, "Lecciones sobre una fundamentación de la sociología en términos de teoría del lenguaje", en *Teoría de la acción comunicativa. Complementos y estudios previos* [TAC(CYEP)], Madrid: Cátedra, 1989.

Jürgen Habermas, "Acciones, operaciones, movimientos corporales", en TAC(CYEP).

Jürgen Habermas, "Aspectos de la racionalidad de la acción", en TAC(CYEP).

Jürgen Habermas, "Observaciones sobre el concepto acción comunicativa", en TAC(CYEP).

Jürgen Habermas, "Réplica a objeciones", en TAC(CYEP).

Jürgen Habermas, "¿Qué significa pragmática universal?", en TAC(CYEP).

Jürgen Habermas, *The theory of communicative action*, vol. 1, *Reason and the racionalization of society* (trad. Th. McCarthy), Boston, Beacon Press, 1984. (Versión es español: *Teoría de la acción comunicativa* I, Madrid, Taurus)

Jürgen Habermas, *The theory of communicative action*, vol. 2, *Lifeworld and system: a critique of functionalist reason*, (trad. Th. McCarthy), Boston, Beacon Press, 1987. (Versión en español: *Teoría de la acción comunicativa* II, Madrid: Taurus, 1998)

Jürgen Habermas, *Conciencia moral y acción comunicativa*, Barcelona, Península, 1985.

Jürgen Habermas, *Pensamiento posmetafísico*, México, Taurus, 1990.

Jürgen Habermas, "Ética del discurso. Notas sobre un programa de fundamentación", en *Conciencia moral y acción comunicativa*.

Jürgen Habermas, *Aclaraciones a la ética del discurso*, Madrid, Trotta, 2000.

Jürgen Habermas, *Truth and justification*, Cambridge, The MIT Press, 2003. (edición en español: *Verdad y justificación. Ensayos filosóficos*, Madrid, Editorial Trotta, 2002).

Alexandre Koyré, *Estudios de historia del pensamiento científico*, México, Siglo XXI, 1978.

Alexandre Koyré, *Del mundo cerrado al universo infinito*, México, Siglo XXI, 1979.

Cristina Lafont, *La razón como lenguaje. Una revisión del giro lingüístico en la filosofía del lenguaje alemana*, Madrid, Visor, 1993.

Cristina Lafont y Lorenzo Peña, "La tradición humboldtiana y el relativismo lingüístico", en *Filosofía del lenguaje II. Pragmática* ed. por Marcelo Dascal, vol. 18 de la Enciclopedia Iberoamericana de Filosofía, Madrid: Trotta, 1999.

Thomas McCarthy, "Translator's Introduction" a Jürgen Habermas, *Legitimation crisis*, Boston, Beacon Press, 1975.

Rudolf, Makkreel, "Wilhelm Dilthey", The Stanford Encyclopedia of Philosophy (edición 2012), Edward N. Zalta (ed.), http://plato.stanford.edu/archives/sum2012/entries/dilthey/.

Tomás Maldonado, *Ambiente humano e ideología*, Buenos Aires: Nueva Visión, 1972.

Tomás Maldonado, *Vanguardia y racionalidad*, Barcelona: Gustavo Gili, 1977.

Herbert Marcuse, *El hombre unidimensional*, Barcelona, Seix Barral, 1972.

Victor Margolin, "The product milieu and social action", en R. Buchanan y V. Margolin (eds.), *Discovering design: explorations in design studies*, University of Chicago Press, 1995.

Victor Margolin, "The designer as producer", en S. Heller y V. Vienne, *Citizen designer: perspectives on design responsibility*, Nueva York, Allworth Press, 2003.

Carl Mitcham, "Ethic into design", en R. Buchanan y V. Margolin (eds.), op. cit.

Maurizio Passerin d'Entreves, "Hannah Arendt", The Stanford Encyclopedia of Philosophy, Edward N. Zalta (ed.), <http://plato.stanford.edu/entries/arendt/>.

Hasso-Plattner, Institute of Design at Stanford, *An introduction to design thinking. Process guide*, en dschool.stanford.edu/sandbox/groups/dresources/wiki/welcome/attachments/f8e24/

Richard Rorty, *Consequences of pragmatism*, Minneapolis: University of Minnesota Press, 1982.

Pietro Rossi, "Introducción a Max Weber", *Ensayos sobre metodología sociológica*, Buenos Aires, Amorrortu, 2001.

Gilbert Ryle, *The concept of mind*, University of Chicago Press, 2002 [1949].

John R. Searle, *Actos de habla. Ensayo de filosofía del lenguaje*, Madrid: Cátedra, 1980.

John Searle, *Mind, language and society. Philosophy in the real world*, Nueva York: Basic Books, 1998.

John Searle, *Intencionalidad. Un ensayo en la filosofía de la mente*, Barcelona: Ediciones Altaya, 1999.

Herbert Simon, *The sciences of the artificial*, Cambridge-Londres, The MIT Press, 1996 (tercera edición)

Charles Taylor, "Theories of Meaning", en *Philosophical Papers* I, Cambridge University Press, Londres, 1985.

The k12 Lab Wiki, *Steps in a Design Thinking Process*, en https://dschool.stanford.edu/groups/k12/wiki/17cff/

Max Weber, *Ensayos sobre metodología sociológica*, Buenos Aires, Amorrortu, 2001.

Max Weber, *Economía y sociedad. Esbozo de sociología comprensiva*, México, FCE, 1974 [1922].

Max Weber, Ensayos sobre sociología de la religión, t. I, Madrid: Taurus, 1998.

Max Weber, *La ética protestante y el espíritu del capitalismo*, México, FCE, 2003 (hay otras muchas ediciones).

Ludwig Wittgenstein, *Philosophical investigations* (trad. G.E. M. Anscombe), Nueva York, MacMillan Publishing Co., 1968 [1953].

Ludwig Wittgenstein, *On certainty*, G. E. M. Anscombe y G. H. von Wright (eds.), Oxford, Basil Blackwell, 1969.

www.ingramcontent.com/pod-product-compliance
Lightning Source LLC
Chambersburg PA
CBHW021210290526
45796CB00005B/23